장승업 그림에 담은 자유와 풍류

장승업 그림에 담은 자유와 풍류

송미숙 글 | 유소정 미술놀이

예술가들이 사는 마을 15

장승업 그림에 담은 자유와 풍류

초판 1쇄 발행 2018년 1월 15일

글쓴이 송미숙
미술놀이 유소정
펴낸이 한혁수

총괄 모계영
기획·편집 박지연, 이예은, 민가진
디자인 한수림, 김세희
마케팅 구혜지

펴낸곳 도서출판 다림
등록 1997년 8월 1일(제1-2209호)
주소 07228 서울시 영등포구 영신로 220 KnK디지털타워 1102호
전화 (02) 538-2913 | 팩스 (02) 563-7739
다림 카페 cafe.naver.com/darimbooks
전자 우편 darimbooks@hanmail.net

ISBN 978-89-6177-159-7 73600
ISBN 978-89-6177-030-9 (세트)

© 송미숙, 2017

*이 책 내용의 일부 또는 전부를 사용하려면 반드시 저작권자와 도서출판 다림의 서면 동의를 받아야 합니다.
*책값은 뒤표지에 있습니다.
*미술놀이 작품을 만드는 데에 도움을 준 유다은·이서영 어린이에게 감사드립니다.

제품명: 장승업- 그림에 담은 자유와 풍류 **제조자명:** 도서출판 다림 **제조국명:** 대한민국	⚠ **주 의**
전화번호: 02-538-2913 **주소:** 서울시 영등포구 영신로 220 knk디지털타워 1102호	
제조년월: 2018년 1월 15일 **사용연령:** 10세 이상	아이들이 모서리에 다치지 않게 주의하세요.
※KC마크는 이 제품이 공통안전기준에 적합하였음을 의미합니다.	

차례

꽃가지, 과일, 채소, 그릇 등을 그린 그림 '기명절지도' 7

자유로운 천재 화가 21

벅찬 감동을 그림에 담다 39

솔바람 부는 꿈속의 풍경 57

옛 선비의 재미있는 일화나 신선 이야기 81

사랑스럽고 귀여운 동물 그림 99

부록 119
미술관에 놀러 가요

| 일러두기 |
- 인명과 지명은 국립국어원의 표기법을 따르되 이미 굳어진 인명의 경우 관례에 따라 표기했습니다.
- 이 책에서는 그림의 진위가 완벽하게 고증되지 않은 작품을 구분하고 있습니다. 해당 화가가 그렸다고 '전해지는' 작품, 즉 '전칭작'은 수록 작품을 표기할 때 화가 이름 앞에 '전'이라는 글자를 덧붙여 두었습니다.

1장

꽃가지, 과일, 채소, 그릇 등을
그린 그림 '기명절지도'

와, 세상에! 그림 하나에 뭐가 이렇게 많이 그려져 있지? 화로도 있고, 복숭아, 게, 인삼, 벼루……. 마치 숨은그림찾기 놀이를 하는 것 같아. 이 그림이 조선 시대의 정물화라고 하면 믿을 수 있겠니?

보통 우리가 알고 있는 정물화는 고흐(Vincent Van Gogh, 1853~1890)의 해바라기 그림 같은 거잖아. 대개는 사진처럼 정지된 느낌을 주는 그림들이야. 옆에 보이는 고흐의 그림처럼 꽃과 꽃병이나 과일, 작은 소품 등을 화면 한가운데 중점적으로 배치하여, 그림이 안정적이고 편안해 보이는 것이 특징이지.

그런데 위에 보이는 그림이 정물화라니! 가로로 들쑥날쑥한 구도가 전혀 다른 종류의 그림 같지 않니? 그래 맞아. 조선 시대엔 이런 정물화를 부르는 다른 이름이 있

'정물화'라고 하면 이런 그림이 가장 먼저 떠오르지 않니?

었어. '기명절지도'라는 조금 어려운 한자 이름으로 불렀단다. 기명절지도는 주변의 작은 사물을 그렸다는 소재 면에서 서양의 정물화와 비슷해. 그러나 보다시피 성격상으로는 전혀 다른 특징을 지니고 있지. 정확히 조선의 정물화인 기명절지도는 옛 그릇을 그린 기명도(器皿圖)와 꺾인 꽃, 나뭇가지 등을 그린 절지도(折枝圖)가 합쳐진 그림을 말해.

위의 그림을 그린 작가는 바로 조선 말기의 천재 화가 장승업(1843~1897)이란다. 장승업은 안견(조선 전기 활동), 김홍도(1745~1806?)와 함께 조선 3대 화가로 손꼽혀. 그는 무엇이든 잘 그렸지만, 당시 남들은 그리지 않았던 기명절지도를 그려 유행시켰던 화가였어. 중국 청나라식 정물화를 참조하여 자기만의 개성 있는 기명절지도를 그렸다고 해.

100가지 물건을 그린 그림 장승업의 기명절지도 가운데 가장 유명한 그림이 바로 위의 그림 〈백물〉이란다. 100가지를 그렸다는 제목의 이 작품은 장승업이 40대 중반에 그린 거야. 물론 정말로 100가지 물건을 그린 그림은 아니야. 그만큼 많은 것을 그린 그림이라는 뜻이지.

농구 선수 키만큼 긴 종이에 청동으로 만든 그릇들과 모란, 국화, 수선화, 인삼, 복숭아, 게, 벼루, 돌 등을 가로로 길게 늘어뜨려 그린 것이 보이니? 많은 물건들을 그려 넣었지만 어지럽지 않고 조화롭게 보이는 것은 장승업다운 그림이라 할 수 있는 부분이야. 즉흥적으로 그림을 그렸다고 알려졌지만, 자세히 보면 소재나 구도를 철저히 계산해서 그린 흔적이 엿보인단다.

자, 그럼 어떤 계산을 했는지 그림을 다시 살펴볼까? 화로나 주전자, 돌, 화분 등 덩치가 있는 사물을 띄엄띄엄 배치한 것이 보이니? 이 그림은 큰 물건 사이사이에 꽃가지나 과일, 게 등 작은 사물을 그려 완성한 그림이야. 그림에 강약을 주어 조화를 준 것은 장승업이 계산을 하고 그렸다는 증거이기도 해. 이렇게 큰 것과 작은 것을 섞어 놓았지만, 어지럽지 않고 리듬감이 느껴지는 것은 그의 천재적 재능이 발휘되었기 때문일 거야.

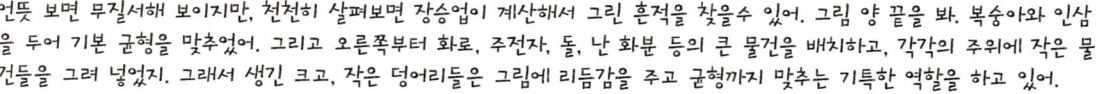

언뜻 보면 무질서해 보이지만, 천천히 살펴보면 장승업이 계산해서 그린 흔적을 찾을수 있어. 그림 양 끝을 봐. 복숭아와 인삼을 두어 기본 균형을 맞추었어. 그리고 오른쪽부터 화로, 주전자, 돌, 난 화분 등의 큰 물건을 배치하고, 각각의 주위에 작은 물건들을 그려 넣었지. 그래서 생긴 크고, 작은 덩어리들은 그림에 리듬감을 주고 균형까지 맞추는 기특한 역할을 하고 있어.

장승업의 기명절지도에 등장하는 소재들은 제각기 다른 뜻과 의미를 지니고 있어. 예를 들어 청동 그릇은 제사에 쓰이던 것으로 강한 힘을 가진 권력을 상징하고, 꽃병은 평안, 문방류와 벼루는 학문과 벼슬, 모란꽃은 부귀를 뜻해. 돌·국화·복숭아는 장수를 뜻하고, 석류와 포도는 자손의 번성, 게는 장원급제 등 좋은 뜻을 담고 있지. 그렇기 때문에 소재들이 지닌 속뜻을 모르면 작품이 어렵고 지루하다고 여길 수도 있어. 하지만 그림의 숨은 뜻을 깨달으면 이런 옛 그림이 정말 쉽고 재미있게 느껴진단다.

아! 그리고 옛 화가들이 이런 사물들을 그릴 때 중요하게 여긴 점이 무엇인지 아니? 그건 바로 아무리 하찮은 사물일지라도 생명력을 불어넣어, 인간과 사물과의 조화를 생각했다는 거야. 조금 어렵다고? 음, 예를 들자면 좋아하는 장난감을 그릴 때, 애정을 듬뿍 담아 그리잖아. 그런 거랑 비슷해. 쉽게 말해 물건을 그릴 때, 관심과 사랑을 갖고 그리는 것을 말하는 거야.

동양화에서는 사물이 사실과 닮았거나 닮지 않았거나 하는 것은 그리 중요하지 않았어. 사물이 의미하는 상징성과 그 물체를 통해 표현하고자 하는 화가의 의도가 중요한 것이라 할 수 있지.

그림을 재미있게 〈수선화와 그릇〉이라는 제목의 기명절지도에는 장승업의 익살스러운 성격이 잘 드러나. 그림의 위쪽에는 손잡이가 달린 청동화로가 놓여 있고, 아래쪽엔 연적, 밤과 배, 뿌리째 뽑힌 수선화와

지금은 흔한 꽃이지만 조선 시대에 수선화는 매우 귀한 꽃이었대. 그런데 장승업은 보란 듯이 양반들이 사랑한 귀한 수선화와 난을 뿌리째 뽑아 툭 던져 놓았어. 정말 거침 없는 개구쟁이 맞지?

난초가 나뒹굴고 있어. 청동화로 아래쪽에 거꾸로 뒤집힌 연적이 보이지? 너무 재미있지 않니? 누가 이렇게 엉뚱한 그림을 그리겠어.

한번은 장승업이 게를 그리는데 발을 세 개만 그렸다고 해. 알다시피 게 발은 집게 한 쌍, 발 네 쌍이잖아. 그림을 바라보던 지인이 혀를 차며 "왜 게 발이 세 개인가? 네 개를 그려야지." 하며 나무랐어. 그러자 장승업은 "내가 그리는 게까지 다른 게처럼 발을 네 개 그리면 재미없잖아." 하고 껄껄 웃으며 대꾸했다고 해.

수선화가 주인공인 〈수선화와 그릇〉은 엷은 색깔로 채색하여 그린 그림이야. 그래서인지 수선화가 수채화처럼 맑고 깨끗한 느낌이 들어. 어때? 흰 수선화가 예쁘고 순수하게 보이지 않니? 그에 비해 청동화로는 먹으로만 그리고 명암을 표현해 묵직한 입체감을 주었어. 이런 명암법은 조선에서는 잘 쓰지 않던 새로운 기법이었지만 장승업은 이런 새로운 방법도 적극적으로 시도하던 근대적 화가였단다.

이 작품에서는 무엇보다도 위에서 아래로 소재를 늘어놓은 구도를 눈여겨볼 필요가 있어. 자칫 지루할 수 있는 그림을 위아래로 소재를 배열하여 장식적이고 재미있는 화면으로 구성한 것이지. 장승업의 장난 섞인 예술 감각이 엿보이는 부분이야.

행운과 복을 바라는 마음 장승업이 살았던 조선 후기는 서양의 신문물이 물밀듯이 들어오면서 사회 변화와 혼란이 커졌던 시기였어. 사람들은 어지러운 세상에 행운과 복을 바라는 마음으로 기명절지도를 부적처럼 꼭 갖고 싶어 했지. 당연히 장안에서 제일 유명한 화가 장승업의 그림이 가장 인기가 많았어. 그의 기명절지도는 당시의 어떤 그림보다도 즉흥적인 붓놀림과 생동감이 엿보였고, 그림 속 사물들도 저마다 좋은 의미를 담고 있었기 때문이야.

장승업의 기명절지도와는 약간 다르지만, 이런 형식의 그림은 조선 초기부터 조금씩 그려지기 시작했었어. 그러다 앞에서 말했듯이 19세기 후반 장승업이 본격적인 그림 장르로 발전시킨 거야. 이후 기명절지도는 장승업의 제자였던 한국 근대 대표 화가 안중식(1861~1919), 조석진(1853~1920)에게 전해지며 계승되었어. 또 그들의 제자인 이도영(1884~1933), 이한복(1897~1940) 등에게 이어져 좀 더 장식적이고 화려하게 변화한단다. 그러나 그들의 그림은 장승업의 기명절지도의 명성을 결코 따라갈 수 없었나 봐. 그들의 그림들이 장승업의 기명절지도와 구도와 구성 면에서 큰 차이가 보이지 않는 것을 보면 말이야.

어찌 됐건 장승업의 기명절지도가 후배들에게 큰 영향을 끼친 것은 분명한 사실이야. 그것만으로도 장승업은 정말 대단한 화가라 볼 수 있지.

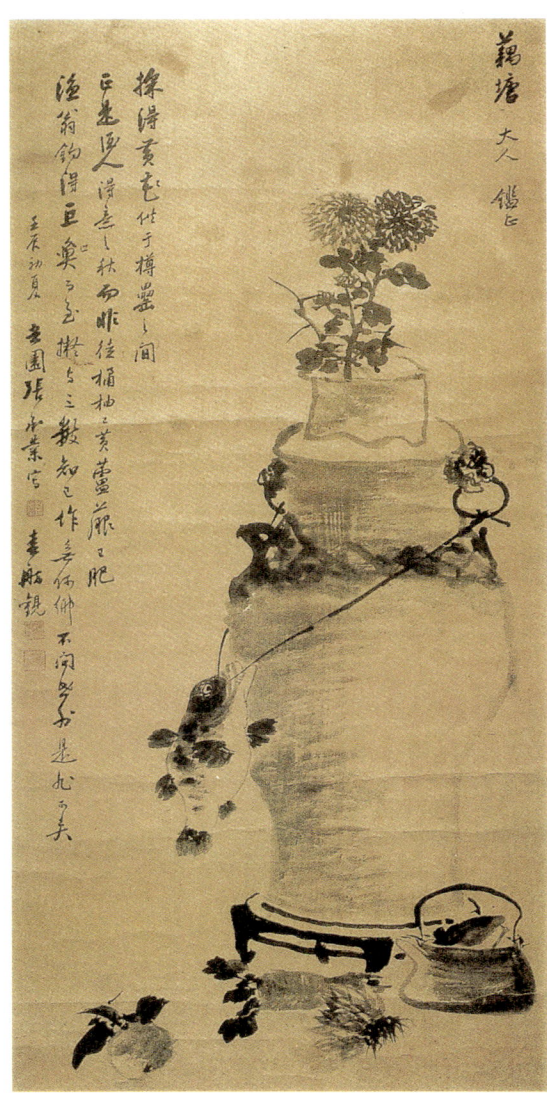

장승업 〈쏘가리와 그릇〉

안중식 〈기명절지〉

이한복 〈기명절지〉

제일 왼쪽이 장승업 작품이야. 격식 없이 쓱쓱 그려 나간 붓질로 자연스러운 맛이 제대로 풍기는 명품이지. 두 번째부터는 제자 안중식과 그다음 세대 제자들의 작품들이야. 어때? 오른쪽으로 갈수록 분명하고 화려한 색채 탓에, 장식적인 느낌이 강해지는 것을 알 수 있겠니?

이도영 〈기명절지〉

조르주 브라크(1882~1963)는 피카소와 뜻을 함께해 입체파를 만든 화가야. 주로 인물을 그렸던 피카소와는 다르게 정물화를 많이 그렸어. 그의 정물화는 기하학적 형태, 대담한 구도, 어두운 색 배합 등의 특징을 보인단다.

뭐든 최초의 시도, 즉 창의적인 생각은 예술에서는 매우 중요한 부분이야.

예를 들어 피카소(Pablo Picasso, 1881~1973) 알지? 간혹 피카소 그림을 보고 '그런 그림은 나도 그리겠다'고 이야기하는 친구들을 만날 수 있어. 그러나 모두 알겠지만 피카소는 지구상에서 손꼽히는 훌륭한 화가로 평가받아. 사람을 입체적으로 재구성하여 그린 화가는 인류 역사상 피카소가 처음이었거든.

장승업이 살았던 시대에 기명절지도는 획기적인 그림 형태였어. 이전에도 그릇과 꽃 등을 그린 그림들이 간혹 있지만, 물건들을 죽 늘어놓는 긴 그림은 그리지 않았거든. 비슷한 형식의 중국 정물화와 비교하는 경우도 종종 있는데, 사실 엄격히 다른 종류의 그림이라 볼 수 있어. 중국 그림은 대부분 진한 채색과 세밀한 묘사를 추구하여 그림이 틀에 박히고, 지나치게 정교한 느낌이 강해.

장승업도 처음에는 이런 중국 정물화를 참고했지만, 자존감 높았던 그는 곧 자신만의 방법과 생각으로 기명절지도를 그려 유행시켰어. 어쩌면 당연한 일이겠지? 장승업이 조선 3대 화가에 들 만큼 우리나라의 중요한 화가가 된 것이 말이야.

미술놀이

기명절지도 콜라주 하기

서양의 정물화는 개인 소유품이나 과일, 해산물 등 주변에 흔히 보이는 사물들을 주로 그린 거야. 반면 우리나라의 기명절지도는 소재가 가진 속뜻과 의미를 중심으로, 사물들을 구성해서 그렸어. 사람들의 행복과 소원이 담겨 있는 그림인 거지. 이런 소망이 담긴 장승업의 〈백물〉을 참고해서, 여러 가지 사물을 콜라주 해 볼까? 기명절지도를 나만의 방식으로 재해석해 보는 거야.

준비물
화선지(또는 도화지), 가위, 잡지나 사진, 그리기 도구

활동 방법:

1
꽃과 과일, 그릇 사진을 준비해. 마트 전단지에 있는 사진도 활용할 수 있어.

2
한지를 가로로 길게 자르고 콜라주 할 정물을 늘어놓아 봐. 기명절지도에 그려진 정물들의 의미를 알고 내가 소원하는 의미가 담긴 정물을 배치해 보는 거야.

3 장승업의 재치 있는 구도를 떠올리며, 나만의 개성 있는 구도로 꾸며 봐. 큰 정물을 우선 배치하는 게 편할 거야.

4 콜라주 하고 난 여백에는 바위, 그릇, 꽃이나 작은 사물을 그려 넣으면 돼.

완성

■ 1장 수록 작품

장승업 〈백물〉 비단에 엷은 색, 38.8×233cm, 국립중앙박물관, 8~9쪽
빈센트 반 고흐 〈해바라기〉 1889년, 캔버스에 유채물감, 92×72.5cm, 미국 필라델피아미술관, 8쪽
전 장승업 〈수선화와 그릇〉 종이에 엷은 색, 110.9×46cm, 국립중앙박물관, 12쪽
장승업 〈쏘가리와 그릇〉 1892년, 종이에 수묵, 125×610cm, 개인, 14쪽(왼쪽)
안중식 〈기명절지〉 10폭 병풍 중 2폭, 비단에 채색, 각 144.9×36.9cm, 국립고궁박물관, 14쪽(오른쪽)
이한복 〈기명절지〉 2폭 병풍, 1917년, 비단에 채색, 각 158.5×52.4cm, 국립고궁박물관, 15쪽(위)
이도영 〈기명절지〉 1923년, 종이에 엷은 색, 34×169cm, 국립현대미술관, 15쪽(아래)
조르주 브라크 〈바이올린과 물병〉 1910년, 캔버스에 유채물감, 117×73.5cm, 스위스 바젤미술관, 16쪽

2장

자유로운 천재 화가

바람처럼 나타난 천재 장승업은 조선 말기에 혜성처럼 나타났던 천재 화가야. 그는 어렸을 때 부모님이 돌아가셔서 제대로 공부를 하지 못했어. 그러나 타고난 재능으로 조선 시대 대표적인 화가로 손꼽히지. 이런 대단한 명성에 비해 어떤 집안의 사람인지, 누구에게 그림을 배웠는지, 심지어 언제 죽었는지조차 정확히 알려진 것이 없어. 신화 같은 이야기만 떠돌 뿐이야.

장승업이 태어났던 조선 말기는 무척 혼란스러운 시기였어. 정치를 잘못해 관리들의 부정부패가 심했고, 홍수와 흉년 등의 자연재해가 번갈아 가며 일어나 굶어 죽는 백성들이 많았지. 설상가상으로 전국적으로 전염병이 돌아 고아가 된 장승업을 보살펴 줄 친척도 없었어. 어린 장승업은 이 집 저 집 잔심부름을 해 끼니를 때워 가며 유년을 보내게 돼.

아! 그런데 어떻게 남의 집 심부름이나 해 주던 장승업이 갑자기 조선의 3대 화가로 꼽힐 정도로 위대한 화가가 된 거냐고? 그래, 우리 잠깐 장승업이 위대한 화가가 되는 과정을 살펴보도록 하자.

장승업의 고향은 경기도라는 사람도 있고, 황해도라는 사람도 있어서 고향조차 어디인지 확실치 않아. 다만 소문에 의하면 부모님이 돌아가시고 얼마간은 고향 마을에서 남의 집 심부름을 하며 살았고, 우연히 한양에 올라와서는 종이 파는 가게에서 일했다고 해. 조선 시대의 종이 가게에서는 그림도 함께 팔았거든. 그래서 어떤 학자들은 이곳에서 장승업이 그림을 처음 접한 것으로 추측하기도 한단다.

장승업은 청년이 되었을 때 이응헌(1838~?)이라는 사람의 집에서 일을 하게 되었어. 이응헌은 장안의 소문난 부자로 동지중추부사라는 벼슬을 지냈던 사람이야. 또한 김정희(1786~1856)의 제자이자 〈세한도〉의 원 주인인 이상적(1804~1865)의 사위이기도 했지. 그는 그림에 무척 관심이 많아 그림을 모으는 취미가 있었어. 청나라를 왕래하는 역관으로 일했던 시절엔 틈날 때마다 중국의 좋은 그림들을 수집하러 부지런히 다녔다고 해. 장승업은 운 좋게도 이응헌 집에서 허드렛일을 하며, 어깨너머로 집에 소장된 명화들을 종종 감상할 수 있었어.

그러던 어느 날 장승업은 무심코 주인집에 걸려 있던 그림을 보고 그대로 베껴 그리는 '사건'을 일으켜. 말 그대로 큰 사건이었어. 신분 사회였던 조선에서 집에서 일하는 하인이 주인의 그림을 흉내 낸 것은 당시에는 용서가 안 되는 큰일이었거든. 그런데 장승업의 그림을 본 이응헌은 깜짝 놀랐어. 그림 그리는 법을 한 번도 배운 적 없는 그가 단숨에 유명 화가의 그림을 똑같이 그려 낸 거야. 이때 이응헌은 장승업의 천재적인 재능을 알아보고 화가로서 성공할 수 있도록 든든한 후원자가 된단다. 이 사건은 험한 일만 하고 살았던 그가 화가로서의 삶을 다시 살게 되는 계기가 된 셈이야.

장승업의 이름은 금방 유명해졌어. 그의 그림을 사려고 먼 지방에서도 사람들이 구름처럼 몰려들어 집 앞이 인산인해를 이루었대. 그러나 격식과 구속을 싫어하던 자유로운 성격의 장승업은 아무리 돈을 많이 줘도 마음이 내켜야 그림을 그렸어. 특히 술을 몹시 좋아해서 술을 마시다가 누군가의 부탁을 받으면 그 자리에서 쓰으쓱 하고 신나게 그림을 그려 주었다고 해. 이렇게 기분이 좋을 때면 그림 값을 받지 않고 공짜로 그림을 그려 주는 경우도 많았대. 오죽했으면 술에 취한 사람이라는 뜻의 '취

'문자향 서권기'를 주장했던 김정희의 대표작이야. 그림을 예쁘게 꾸미는 것에 반대하여, 일부러 집이나 나무를 간단하게 그린 조선 후기 문인화의 특징을 엿볼 수 있어.

*호
호는 사람의 본이름 외에 편하게 부르도록 지은 이름이야. 오늘날의 별명 같은 거지. 옛사람들은 호를 여러 개 가지고 있었어. 장승업의 경우는 오원·취명거사·문수산인 등의 호를 사용했어.

명거사(醉暝居士)'란 호*까지 스스로 지었을까? 즉흥적인 그림을 자주 그려서인지 그의 그림을 보면 형식적이지 않고 자유로운 느낌이 있는 것 같아. 당시 유행하던 추사 김정희파의 '문자향(문자의 향기)'과 '서권기(책의 기운)'와는 거리가 멀다고 볼 수 있지.

이런 고고한 품격을 바탕으로 하는, 대표적인 그림은 김정희의 〈세한도〉야. 그림 오른쪽을 보면 '歲寒圖(세한도)'라고 김정희의 글씨가 적혀 있

Tip
문자향(文字香) 서권기(書卷氣)

'문자향 서권기'란 책을 많이 읽으면 고고한 품격이 그림에 저절로 드러난다는 것을 의미해. 김정희와 그의 제자들은 공부를 많이 한 사람이 그림을 그리면 저절로 지적인 느낌이 묻어난다고 생각했어. 그림 기법보다는 마음의 양식을 먼저 쌓는 것을 중요하게 여긴 것이지. 또한 그림을 그릴 때 세밀하게 묘사하거나 진한 채색을 하는 것보다, 지적인 품격과 마음을 담은 담백하고 간결한 그림이 좋은 그림이라고 주장했어.

어. 이것이 그 유명한 추사체이지. 글씨가 어찌나 빼어난지 김정희의 호인 추사를 붙여 추사체라고 불러. 이렇게 김정희는 그림보다는 글씨가 더 유명하다고도 할 수 있어.

그런데 어때? 친구들도 이런 밋밋한 집, 나무쯤은 그릴 수 있겠다는 생각이 들 정도로 간단한 그림이지 않니? 썩 잘 그린 그림도 아닌 것 같은데 왜 우리나라의 귀중하고 소중한 작품에 지정하는 국보 180호가 되었을까?

이유는 그림 속에 담긴 선비의 고결한 정신 때문이란다. 〈세한도〉는 대학자인 김정희가 제주도에 유배 중일 때, 제자 이상적이 의리를 지켜 책을 보내 준 것에 대한 답례로 그려 준 것이야. 나라의 벌을 받느라 귀양살이 중인 자신의 모습을 추운 겨울에 비유하고, 겨울에도 푸른 모습인 소나무와 잣나무를 이상적의 의리에 비유한 그림이지. 선비의 지조와 의리, 그림과 글씨가 잘 어우러진 작품이라고 할 수 있어.

그런 점에서 장승업의 그림은 김정희의 그림과 정반대 쪽에 있다고 볼 수 있어. 그림 재주를 타고난 장승업은 한 번 본 것은 다 그림으로 옮길 수 있는 놀라운 재능이 있었지. 그러나 가난해서 공부를 하지 못했어. 심지어 글씨도 제대로 쓸 줄 몰랐지. 그런 장승업의 그림을 사람들은 신이 내린 천재적 재능이라며 좋아했지만, 일부 선비들은 그가 너무 세세히 잘 그린다고 오히려 무시했어. 잘 그린 그림보다 밋밋하더라도 〈세한도〉처럼 선비 정신과 멋진 글씨가 어우러진 그림이 진짜 그림이라고 주장한 거지. 우습지 않니? 잘 그린 그림을 글을 쓸 줄 모른다거나 고결함이 없다고 무시하다니. 아무튼 그 때문에 장승업은 평생을 '문자향 서권기'가 없다는 비판에 시달려.

그러나 장승업이 글을 몰랐기에 더욱 다양하고 재미있는 그림을 자유롭게 그리지 않았을까? 비록 공부는 못 했을지라도 그림을 통해 예술가의 자유로운 열정을 얽매임 없이 드러냈을 것으로 생각돼.

장승업의 그림 중 산이나 계곡이 심하게 왜곡되어 있거나 항아리가 삐뚤빼뚤하게 표현돼 있는 작품들은 틀에 얽매이지 않는 자유분방한 천재 예술가의 열정이 잘 드러나는 부분이라고 할 수 있지.

이처럼 자유로운 성격의 소유자였던 장승업에 대한 일화는 많이 있어. 한 가지 예를 볼까? 당시 화가들이 생애에 제일 큰 영광으로 여겼던 것은 왕을 위한 그림을 그리는

커다란 도자기가 삐뚤하니
균형도 맞지 않는 모습이지만,
그림이 당당하고 멋스러움이 넘쳐.

것이었는데, 장안의 이름난 화가였던 그에게도 드디어 기회가 생겼어. 그러나 장승업은 썩 내키지 않았나 봐. 당시 임금인 고종의 명령으로 궁궐에서 그림을 그리게 되었지만 결국엔 몰래 도망 나와 고종의 분노를 사는 사건을 일으키거든. 돈과 명예에 신경 쓰지 않았던 그의 자유로운 성격을 단적으로 말해 주는 일화야.

또 다른 일화도 있어. 장승업의 대표 호인 '오원'에 얽힌 이야기야. '오원'은 그가 직접 지은 호로 뜻이 정말 재미있어. 장안의 사람들이 단원(김홍도의 호), 혜원(신윤복의 호) 하며 그들의 그림을 명품으로 치켜세우자 "그림 나(吾)도 원(園)이다!" 하여 오원이라고 했대. 어때? 자유로운 영혼의 소유자 장승업이 가슴을 쫙 펴며 "나도 원이다!" 하고 크게 외치는 모습이 상상되지 않니?

씩씩하고 용맹한 하늘의 제왕 장승업의 자유로운 성격은 그림에도 고스란히 드러나. 그는 틀에 얽매이지 않는 자유분방한 그림을 그려 자신의 개성을 표현했지. 그중에서도 용맹하고 수려한 한 쌍의 새를 그린 〈호취〉와 〈쌍치〉는 그의 개성이 잘 드러난 작품이라고 할 수 있어.

〈호취〉와 〈쌍치〉는 각각 매 두 마리와 꿩 두 마리를 그린 그림이야. 두 폭이 한 세트로 구성되었지. 29쪽 두 폭의 그림 중 먼저 왼쪽의 〈호취〉를 볼까?

〈호취〉는 매 두 마리가 주인공이야. 사실 매 그림은 보통 한 화면에 한 마리만 그리는 게 일반적인 형식이었어. 왜냐고? 한 나라에 왕이 둘이 있을 수 없듯이, 하늘의 제왕인 매도 한 폭에 두 마리를 그리지 않았던 것이지. 잘못하면 매의 씩씩하고 용맹한 모습이 시각적으로 분리될 수 있거든. 그러면 매의 강한 느낌이 사라진 재미없는 그림이 될 수 있잖아.

그런데 왜 장승업은 매 두 마리를 한 화면에 그려 넣었을까? 정확한 이유는 아직 밝혀지지 않았지만 사회적 제약과 신분의 틀을 깨려는 생각과, 남들과 똑같이 그리는 것을 싫어하는 까칠한 성격이 한몫한 것 같아. 아무튼 위아래 매를 한 마리씩 그려, 무게의 상하 균형을 맞춘 것은 기대 이상이야. 그림의 짜임새를 밀도 있게 하고, 시각적으로 보기 편한 안정감을 선사하니까.

작심하고 그린 두 마리 매의 긴장감이 팽팽해. 나무의 위쪽과 아래쪽 가지에 각각 앉아 서로 바라보고 있는 두 마리의 매가 마치 살아 있는 것처럼 실감나지 않니? 상대방을 날카롭게 응시하는 매는 생동감 넘치는 모습으로, 큰 나무 기둥과 가지는 시원스러운 빠른 붓질로 묘사하여 천재다운 장승업의 실력을 맘껏 보여 주고 있어.

나무 위쪽의 매는 바로 사냥감을 향해 달려들 듯한 자세야. 기세등등한 눈매와 힘이 잔뜩 들어간 날카로운 발톱으로 나뭇가지를 꽉 움켜쥔 모습을 보면 알 수 있어. 그에 비해 아래쪽 매는 조금 느긋해 보여. 사냥을 끝낸 후 휴식을 즐기는 모양새야. 이렇게 매 두 마리를 다른 모습으로 그려 그림에 재미를 더하고 있지.

나무 또한 멋지게 묘사했어. 큰 나뭇가지는 큰 붓에 먹물을 흠뻑 찍어 한 번에 획획 그어 그렸어. 어떤 부분은 먹물이 떨어질 듯 듬뿍 묻어 있고, 어떤 부분은 먹물이 부족해 흰색으로 보이기도 하지. 이렇게 먹물이

살아 있는 듯 매서운 눈빛과 강한 기운이 표현된 〈호취〉(왼쪽)와
그림 구석구석 활력이 느껴지는 〈쌍치〉(오른쪽)를 보면 장승업의 천재적인 솜씨를 엿볼 수 있어.

부족해 흰 부분이 나타나는 것을 '비백법'이라고 해. 친구들도 색칠할 때 처음엔 물감이 많이 묻어 진하다가 나중엔 거의 붓 자국만 난 적이 있지 않니? 그게 바로 비백법이란 멋진 기법을 사용한 예야. 하지만 비백법은 그렇게 자연스럽게 사용하기보단 고고하고 메마른 느낌을 주려고 일부러 사용하는 경우가 대부분이었어.

이리저리 뒤틀고 삐치기를 반복한 잔가지들은 나무기둥과 조화를 이뤄 멋이 한껏 느껴져. 나뭇잎은 물기 있는 엷은 녹색으로, 고목의 이끼는 조금 짙은 녹색으로 분위기를 살려 냈지.

〈호취〉 왼편 위쪽에 글씨 보이니? 이렇게 그림의 여백에 그 그림에 알맞은 시나 글씨를 적는 걸 제시(題詩), 제발(題跋)이라고 하는데 우리 동양화의 중요한 특징이기도 해. 뭐라고 써 있냐고?

地闊山高添意氣, 지활산고첨의기
(넓은 땅 높은 산은 기운을 더해 주고)
楓枯艸動長精神, 풍고초동장정신
(오래된 나무와 풀포기는 정신을 가다듬게 해 준다.)

어때? 기세등등한 매와 잘 어울리지. 그림의 주제와 딱 어울리는 이 시는 친하게 지냈던 정학교가 글에 서툴렀던 장승업을 대신해 써 준 거야. 제시 밑에는 '張承業印(장승업인)'이라고 도장이 찍혀 있어서 장승업이 그렸음을 알려 줘.

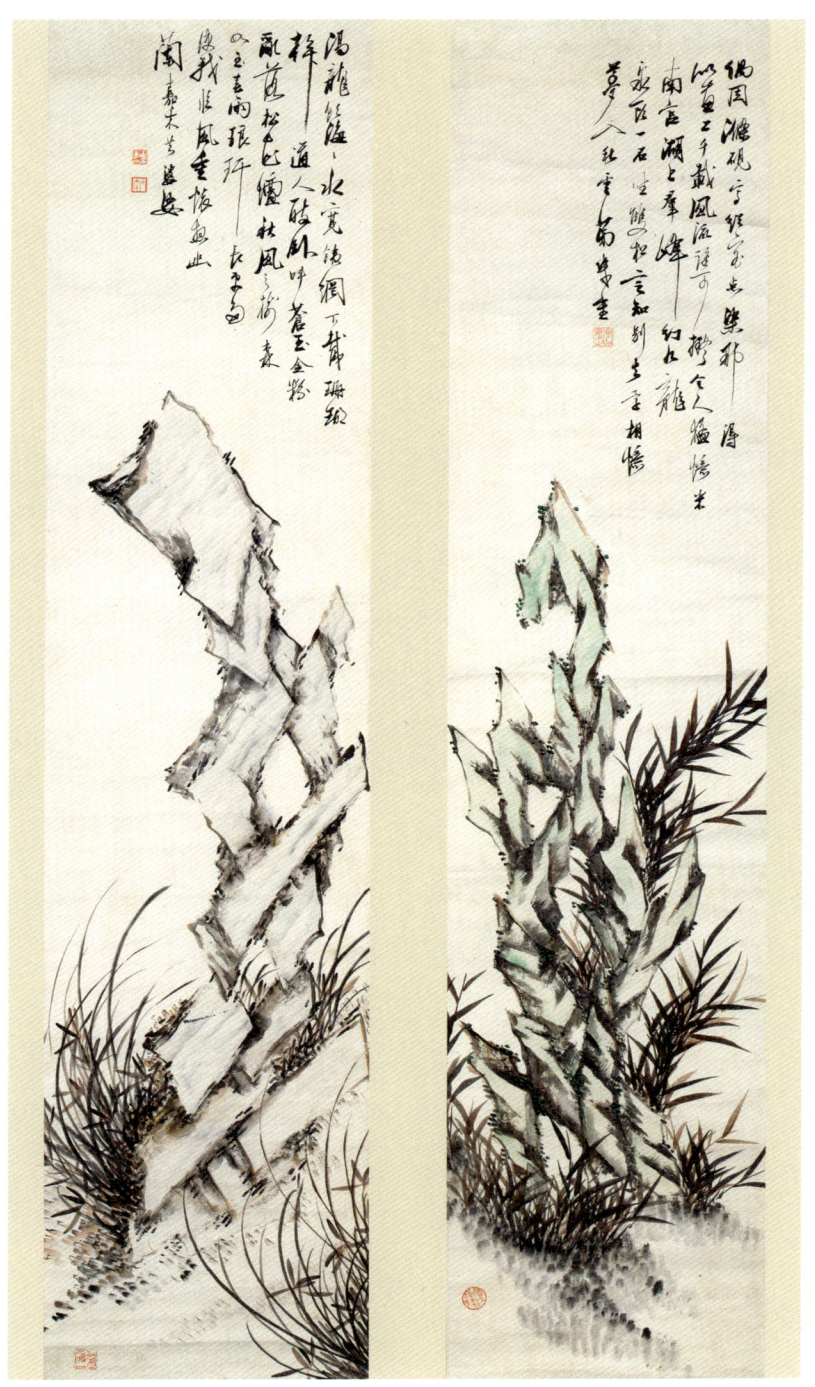

장승업과 친했던 정학교(1832~1914)의 그림이야. 돌과 함께 대나무와 난초를 그린 그림이지. 장승업의 그림에서 정학교의 글씨가 심심치 않게 발견되는데, 그건 글씨를 잘 썼던 서예가로도 유명한 정학교가 장승업의 그림에 글씨를 대신 써 주었기 때문이야.

장끼와 까투리를 그린 〈쌍치〉

이제 〈쌍치〉를 한번 볼까? 〈쌍치〉는 꿩 한 쌍을 그린 것으로 〈호취〉와 대칭을 이루는 그림이야.

그림의 구도는 〈호취〉와 비슷해. 위쪽에 수꿩인 장끼가 앉아 있는데, 나뭇가지의 속도감이 느껴지는 표현도 〈호취〉와 별다르지 않고, 그림이 조화를 이루고 있어. 아래쪽에 위치한 암꿩인 까투리는 메추라기로 착각될 정도로 작게 표현되었어. 까투리 주위에는 흰 꽃을 네 송이 그려 넣어 암꿩의 부드러운 느낌을 살리고 있네.

장승업은 대담한 붓질로 주인공인 꿩들의 자유로움을 최대한 살렸어. 그리고 채색은 넘치지 않게 조금만 사용하였는데도 화면 구석구석까지 활력이 넘쳐.

〈쌍치〉 구륵법 사용 부분

〈쌍치〉 몰골법 사용 부분

힘 있는 붓질로 그린 나무와는 대조적으로 바위 사이의 갈대와 수선화는 단정하게 마무리했어. 수선화 꽃과 푸르고 긴 잎은 테두리를 그리고 색칠하는 기법을 사용했는데, 이런 기법을 구륵법이라고 해. 새와 나무, 바위 등의 묘사는 테두리 선을 쓰지 않는 몰골법으로 부드럽고 대담하게 구사하여 그림 전체에 조화를 주고 있어.

꿩의 정교한 묘사와 수선화의 담담한 묘사, 엷은 채색 사용이 요즘의 그림처럼 현대적인 분위기를 느끼게 하지 않니? 일반적인 문인화풍 분위기를 벗어난 장승업의 자유롭고 세련된 화풍을 그대로 보여 준다고 할 수 있단다.

〈호취〉와 〈쌍치〉는 장승업의 작품 중 최고의 작품으로 평가받기도 하고, 사람들에게 가장 많은 사랑을 받는 작품이기도 해.

조선 시대의 매는 액운을 막아 주는 의미로 많이 그려졌고, 꿩은 높은 지위에 올라 고귀한 신분이 되고자 하는 마음을 담고 있었어. 아마 이 그림 한 쌍도 집안이 잘되기를 바라는 마음에서 그려진 걸로 보여.

매와 꿩 그림은 한 폭씩 따로 보아도 좋고, 세트로 나란히 놓고 보아도 퍽 어울리는 그림이야. 그러나 사실 이 그림들은 두 폭이 아니라 원래 네 폭이 한 세트로 그려진 그림이었어. 함께 그려진 두 폭은 각각 〈고양이〉, 〈말〉로 현재는 일본에 소장되어 있다고 하니 안타까운 일이야. 우리나라의 소중한 문화재가 다시 돌아올 수 있도록 친구들도 고민해 줄 거지?

미술놀이
셀로판지 선캐처 만들기

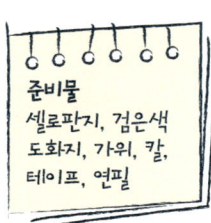

준비물
셀로판지, 검은색 도화지, 가위, 칼, 테이프, 연필

씩씩하고 용맹한 하늘의 제왕 매 그림을 살펴보자. 장승업의 〈호취〉를 보면 기세가 등등하고 사냥의 의지가 느껴지지 않니? 조선 시대에는 매 그림이 세화로 많이 그려졌어. 세화란 나쁜 운(액운)을 면하기 위해 설날에 대문에 붙였던 그림을 말해. 인간의 힘으로는 막아 낼 수 없는 액운을 쫓기 위해, 무서운 눈매와 힘을 가진 매를 선택했던 것 같아. 우리도 매를 소재로 재미있는 작품을 만들어 볼까? 그런 다음 햇살이 들어오는 창가에 붙여 보는 거야. 매 장식으로 나쁜 기운도 막고, 창문에 투명하게 비치는 예쁜 색도 감상할 수 있겠지.

활동 방법:

1

먼저, 준비한 검은색 도화지에 매를 스케치하고, 셀로판지 조각으로 꾸며 줄 부분을 칼이나 가위로 오려 내. 새 깃털이나 다른 그림을 응용해도 좋아. 나비나 곤충으로 응용해도 재미있겠지?

2

오려 낸 부분마다 다양한 색의 셀로판지를 붙여 줘.

3

완성된 작품을 유리창에 붙여 봐. 빛이 투과되면서 스테인드글라스 같은 미술 작품이 될 거야.

완성

■ 2장 수록 작품
김정희 〈세한도〉 1844년, 종이에 수묵, 23×69.2cm, 국립중앙박물관, 24~25쪽
장승업 〈쏘가리와 그릇〉 1892년, 종이에 수묵, 125×61cm, 개인, 26쪽
장승업 〈호취〉 종이에 엷은 색, 135.4×55.3cm, 삼성미술관 리움, 29쪽(왼쪽)
장승업 〈쌍치〉 종이에 엷은 색, 135.4×55.3cm, 삼성미술관 리움, 29쪽(오른쪽)
정학교 〈돌과 대나무(석죽)〉 종이에 엷은 색, 129.1×29.6cm, 국립중앙박물관, 31쪽(왼쪽)
정학교 〈돌과 난초(석란)〉 종이에 엷은 색, 129.1×29.6cm, 국립중앙박물관, 31쪽(오른쪽)

3장

벅찬 감동을 그림에 담다

붓에서 피어난 꽃, 매화

와! 분홍 매화와 흰 매화가 가득 피어 있는 매화나무를 봐. 벽면 전체가 꽉 찰 정도로 큰 그림이네. 매화나무 두 그루를 그렸는데, 가지가 이리 꺾이고 저리 꺾이고 기운이 넘쳐.

늙은 매화나무에 분홍색과 흰색의 매화꽃 가지가 뒤엉켜 마치 힘겨루기를 하는 것처럼 보이지 않니? 힘 있고 속도감 있는 선에서 예술적인 감정에 휩싸여 단숨에 그렸을 장승업의 모습이 그려져.

어느 해 봄날, 늙은 나무에서 어린 꽃이 피는 것을 본 장승업은 저도 모르게 눈물을 흘렸어. 늙음과 다시 태어남의 극적인 모습에 벅찬 감동을 받은 거지. 그는 감동의 순간을 잊지 않으려고 미친 듯이 매화를 그리기 시작했어. 돈이나 명예에 얽매이지 않고 예술을 즐기며 살았던 장승업의 붓에서 매화 꽃송이가 피어났지. 완성된 매화나무 그림 앞에서 그는 활짝 핀 매화꽃처럼 하얀 치아를 드러낸 채 웃었어. "껄껄껄!" 자신의 웃음소리를 닮은 매화꽃이 무척 마음에 들었거든.

예로부터 매화는 선비의 꽃이었어. 찬바람이 아직 남아 있는 이른 봄, 제일 먼저 꽃을 피우는 매화는 선비들의 의리와 충성을 의미했지. 추운 겨울이라는 힘든 시기를 이겨 내고 이상적인 세상을 꿈꾸었던 선비들의 소망을 매화에 빗대어 나타낸 거야. 그래서 많은 선비들이 매화를 사랑한 것 같아. 조속(1595~1668), 조지운(1637~?), 오달제(1609~1637), 어몽룡(1566~?), 심사정(1707~1769), 이황(1501~1570), 정약용(1762~1836) 등등 조선 시대 쟁쟁한 선비들이 매화차와 매화주를 마시고, 매화 시를 짓고, 매화 그림을 그리며 매화를 가까이한 것을 보면 말이야.

그럼 여기서 질문! 우리나라에서는 언제부터 매화 그림을 그리게 되었을까? 사실 매화를 언제부터 그렸는지는 아직 정확히 알려진 게 없어. 다만 고려 왕건의 능으로 알려진 무덤의 벽화에 소나무, 대나무와 함께 매화가 등장하는 걸 봐서 고려 초기부터 그려졌다고 학자들은 추측하고 있지.

본격적인 매화 사랑은 고려 후기 성행했던 신유학인 성리학과 관계가

있어. 신진 사대부들이 성리학의 가르침인 청렴하고 강직한 삶을 말할 때 매화를 자주 인용하였거든. 신지식층이었던 그들은 매화에 빗대어 자신의 삶과 생각을 시와 글로 쓰고, 그림으로도 그려. 그러나 아직은 그림보다는 시나 산문으로 매화를 나타낸 것이 훨씬 많은 편이었지.

그러다 유교를 국교로 삼았던 조선 시대에 와 비로소 왕성하게 그려지기 시작했어. 조선 초기의 매화 그림은 현재 발견된 것이 없지만, 성리학이 추구한 청렴함처럼 이때 그려진 매화도 간단하고 소박했을 것으로 추측돼. 주로 먹으로 담백하게 그렸을 테지. 먹이 나타내는 흑백의 깨끗함이 권력과 돈에서 벗어나 살아가는 선비의 처지나 상황을 잘 표현하기 때문이야.

매화는 추운 시절의 세 친구(세한삼우)라 해서 소나무·대나무와 함께 그리거나, 매화·난초·국화·대나무를 함께 그렸어. 매화·난초·국화·대나무는 그 모습이 고고한 군자를 닮았다고 해서 이 넷을 묶어 네 명의 군자, 즉 '사군자'라고 부르기도 해. 이렇게 매화와 더불어 소나무·난초·국화·대나무는 선비를 상징하는 대표적 식물이었어.

매화를 그릴 때에는 사실적인 묘사보다 즉흥적인 느낌에 치중해서 그려야 제맛이 나는 법이야. 매화나무는 먹으로 거칠게 표현해도 멋있고, 매화꽃은 작기 때문에 간단한 선이나 물감으로 콕콕 찍어서 간단히 표현할 수 있어. 매화는 보통 한 화면에 단독으로 그리는 경우가 대부분이지만, 정약용과 조속의 그림처럼 참새나 까치를 함께 그리는 경우도 있었어.

매화만 그린 그림 중, 시기적으로 앞선 건 어몽룡이나 오달제의 그림이야. 그들의 매화는 꼿꼿한 선비처럼 나무가 뼈만 앙상한 데다 꽃도 몇 개

'사군자'인 매화, 난초, 국화, 대나무는 선비들의 절개와 지조를 상징했어. 매화는 이른 봄의 추위를 견뎌 내고 제일 먼저 꽃을 피우는 점에서, 난초는 은은한 향기를 멀리까지 퍼뜨리는 점에서, 국화는 늦은 가을에 서리를 이겨내며 꽃 피는 점에서, 대나무는 추운 겨울에도 푸른 잎을 간직한다는 점이 어려운 역경(추위)을 이겨 내고 고고하게 살아가는 자신들의 모습과 닮았다고 판단한거야. 사군자는 다른 소재에 비해 형태가 간결하고 서예의 필획을 이용하여 쉽게 그릴 수 있어 조선 시대에 더욱 유행했단다.

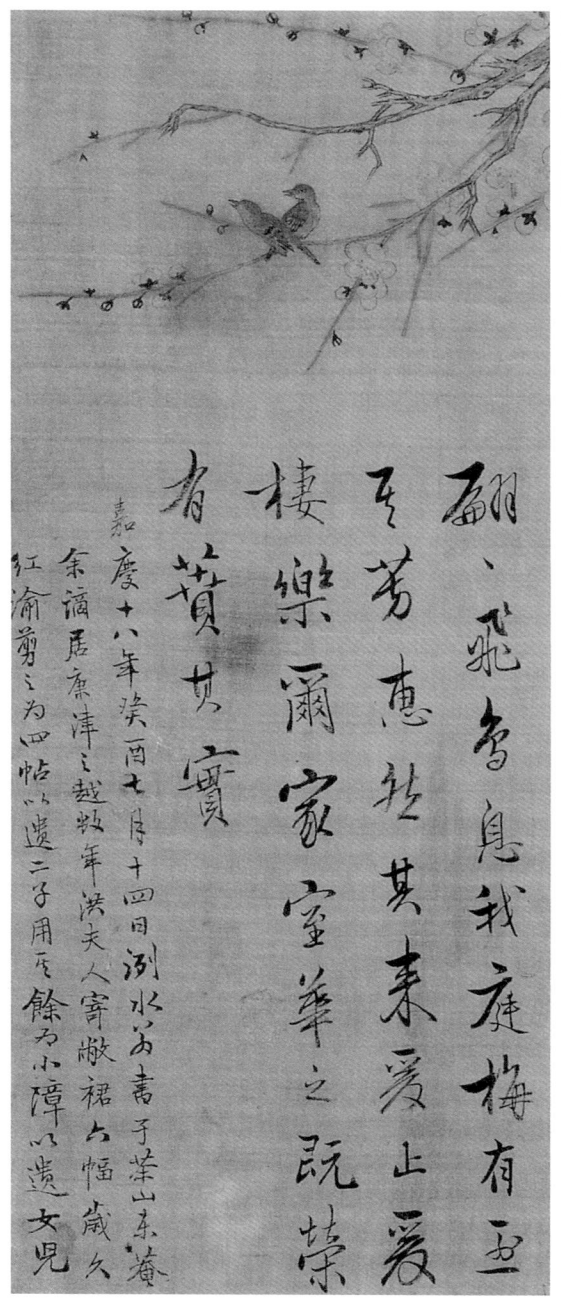

정약용이 강진에서 귀양살이할 때, 부인이 보내온 낡은 치마에 그린 그림이야. 세월이 오래되어 붉은 빛이 바랜 비단에 매화와 새를 그려 딸에게 선물로 주었어.

시·글씨·그림에 뛰어났던 조선 중기의 대표적인 선비 화가, 조속의 매화 그림이야. 매화와 까치의 구성이 간결하면서도 깔끔해.

달리지 않았어. 앞에서도 말했듯이 매화는 어려움 속에서 뜻을 펼쳤던 선비의 심정을 은유적으로 표현한 것이었어.

이런 의미를 담고 있는 어몽룡의 매화 그림은 조선 중기 최고로 평가 받아. 짐작하듯이 어몽룡이 그린 〈달과 매화(월매)〉는 욕심 없는 사대부의 마음을 표현한 거야. 부러진 굵은 가지 속은 비어 있고, 부러진 줄기에서 새로 난 가지는 수직으로 솟아 하늘을 찌를 듯해. 부러진 가지에서 새로운 가지가 난 매화의 모습은 역경을 이겨 내고 꿋꿋하게 살아가는 강직한 선비의 모습을 연상케 하지.

역시 강직한 선비였던 오달제는 병자호란 때 청나라에 인질로 끌려가 온갖 고문과 죽임을 당하면서도 굴복하지 않았던 지조 있던 충신이었어. 그의 매화 그림도 서릿발 같은 기백을 보여 줘. 죽죽 그어 나간 메마른 매화나무 가지에 매화꽃이 보일 듯 말 듯 점점이 피었거나, 꽃눈만 간신히 붙어 있어. 이런 매화 그림들은 장승업의 화려한 매화와는 확실한 차이를 보여.

조선 후기가 되면서 매화도는 점차 커지고 화려해져. 그리고 분홍빛의 붉은 매화, 즉 홍매화가 그림에 등장해. 붉은색은 귀신을 물리친다는 의미와 '일편단심'의 의지를 담고 있어. 이런 뜻 때문에 흰색을 좋아했던 조선인들도 붉은색 매화를 거부감 없이 받아들였을 테지. 붉은색이 들어간 화려

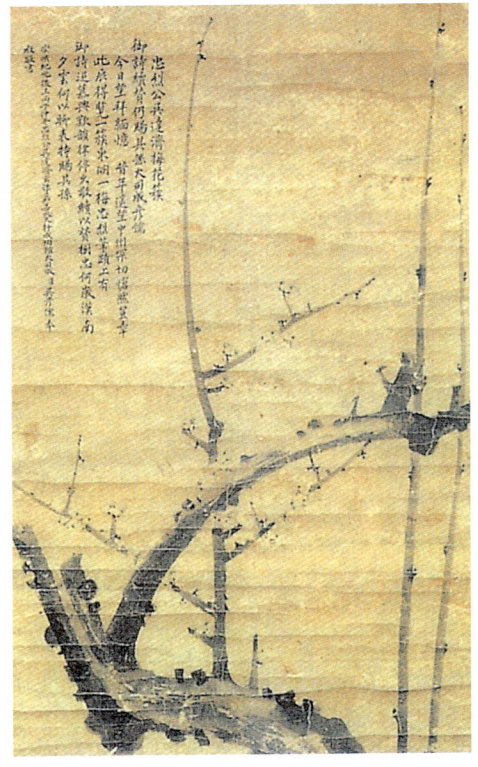

병자호란 때 청에 굴복하지 않고 윤집, 홍익한과 함께 무참한 죽음을 당한 삼학사 중 한 사람인 오달제의 매화도야. 그림 왼편 위의 제시는 그의 충절을 기려 왕이 내려 준 시를 적은 것이라고 해.

한 매화 그림은 커다란 병풍으로 제작되었고, 단아하던 선은 거칠고 변화무쌍해지지.

장승업의 매화 그림도 마찬가지야. 크기가 큰 10폭 병풍에 변화가 심한 선을 이용해 그림을 그렸어. 눈치챘겠지만 그의 그림에서는 선비의 꼿꼿한 마음은 찾을 수 없어. 다만 힘이 느껴지는 매화나무의 모습에서 그의 뛰어난 재주와 솜씨를 충분히 알 수 있단다. 이번 장 처음에 봤던 〈붉은 매화와 흰 매화 10폭 병풍(홍백매도)〉은 나쁜 기운을 물리치기 위해 그려졌거나 감상용으로 화려하게 그린 그림일 것으로 생각돼.

당시 양반들은 부패했고, 다른 나라들의 온갖 간섭으로 조선은 풍전등화같이 위태로운 시기였어. 장승업의 매화 그림은 액운과 감상용이란 걸 목적과 함께, 이런 불안정한 시대적 상황을 반영했다고 볼 수 있단다. 매화의 표현이 어지러울 정도로 화려하고 변화가 심한 것이 그 증거야.

오른쪽 그림, 〈붉은 매화와 흰 매화 8폭 병풍(홍백매도병풍)〉도 장승업의 감각적인 매화와 비슷한 모양새야. 조희룡(1789~1866)은 당시 김정희 파가 내세운 '문자향 서권기'에 반대하고, 손재주의 중요성을 강조한 인물이었어. 그림에 있어 무엇보다 화가의 재능이 중요하다고 생각한 것이지. 또 그림을 그리는 행동 자체에서 즐거움을 찾고자 했어. 자신의 생각을 당당히 펼친 과감한 생략과 절단의 미적 감각이 눈길을 끌어.

조희룡의 〈붉은 매화와 흰 매화 8폭 병풍〉과 더불어 유숙(1827~1873)의 〈유숙 필 매화 8폭 병풍〉, 허련의 〈매화 10폭 병풍〉도 생략과 절단을 통해서 아름다운 풍경을 연출한 작품들이야. 아마도 이것은 당시 크게 유행하던 형식이었던 것 같아. 매화나무의 특정 부분을 확대한 뒤 과장

조희룡의 〈붉은 매화와 흰 매화 8폭 병풍〉이야. 그는 매화를 무척이나 사랑했던 것 같아. 병풍 오른쪽에 쓴 글을 보면 매화를 '은하수에서 쏟아 내린 별 무늬…… 오색 빛깔의 나비를 풀어 놓은 것 같다'라고 표현하고 있어.

해서 그린 것 말이야. 부분 사진을 찍듯이 나무의 위아래 부분을 모두 잘라 내고 가운데 부분만 확장해서 나타내었어.

　친구들도 이제 알겠지만 이런 그림은 '문자향 서권기'를 내세운 대쪽 같은 선비의 매화는 아닌 셈이야. 대신 장승업은 매화를 보고 느꼈던 가슴 뛰는 감동을, 재능을 발휘하여 살아 있듯 생동감 있게 그림으로 표현하였고, 그것은 우리에게 벅찬 감동을 선사하고 있지.

　이웃 나라 중국과 일본 사람들에게도 매화는 인기 있는 꽃이었어. 그들의 매화 그림은 어떤 모습일까?

　중국 청나라의 김농(金農, 1687~1764)은 매화를 많이 그린 화가로 유명해. 김농의 〈매화〉는 오로지 먹물로만 꽃이 만발한 매화나무를 그린 것이야. 생김새도 장승업의 매화와는 조금 다른 모습으로 나뭇가지를 버드나무처럼 가늘고 부드럽게 표현했어. 흑백의 매화꽃은 조그맣고 둥근 꽃잎을 그린 후 가는 붓으로 꽃술을 덧대 놓았네. 꽃송이에 표정이 살아

김농이 그린 매화는 색을 쓰지 않고, 물과 먹으로만 그린 그림이야.

있는 듯 꽃이 수려하고 생기가 넘쳐. 마치 팝콘을 나무에 뿌려 놓은 것처럼 풍성하게 매화꽃을 그려 넣었지. 이것은 아마도 화면을 빈 공간 없이 꽉 채워 놓은 그림을 좋아했던 중국인들의 취향을 반영한 것인지도 모르겠네.

일본 에도시대의 화가 오가타 고린(尾形光琳, 1658~1716)이 그린 〈홍백매도병풍〉도 역시 매화나무를 그린 그림이야. 국보로 지정될 정도로 일본 사람들에게 큰 사랑을 받고 있지. 금박을 입힌 종이 위에 채색을 해서 완성한 작품이야. 금박 바탕의 화면 중앙에는 큰 강물이 흐르고, 강물의 왼편에 흰 매화를, 오른편에는 붉은 매화를 그려 넣었어. 깔끔하고 선명한 이미지의 매화나무와 강물의 물결에서 경쾌한 리듬이 느껴지지?

아, 친구들도 만화 그릴 때 강물을 이렇게 그린다고? 그래 맞아. 만화에 많이 쓰이는 재미있고 간결한 표현이야. 오가타 고린의 화사한 금빛 물결과 휘감아 치는 아름다운 곡선은, 오스트리아의 유명 화가인 구스타프 클림트(Gustav Klimt, 1862~1918)에게도 직접적인 영향을 주었어.

오가타 고린의 매화 그림을 다시 볼래? 장승업의 매화 그림과 비교해서 어떤 거 같아? 느낌이 많이 다르지? 맞아. 오가타 고린의 매화는 장승업의 매화에서 보이는 것처럼 꿈틀꿈틀한 생명력과 벅찬 감동은 찾을 수 없어. 대신 붉고 흰 매화, 강물의 표현이 선명하고 화려해서 장식적인 느낌이 강해. 지나치게 장식적이라 감정이 느껴지지 않는 디자인 같은 표현은, 일본 그림에 흔히 나타나는 큰 특징이라 볼 수 있어.

위쪽의 그림이 오가타 고린이 그린 매화 그림이고, 아래쪽 그림은 구스타프 클림트의 그림이야. 고린의 그림 중앙을 봐. 장식적인 동그라미 모양의 강물 보이지? 이런 장식적인 표현에 클림트는 깊은 감동을 받았어. 그래서 자신의 작품인 나무 배경에 비슷한 동그라미 패턴을 넣어 그리기도 했단다.

미술놀이

재활용에서 피어난 매화꽃

찍기는 형태의 반복감과 깊이를 느끼게 해 주는 활동이야. 물감을 다루는 작업을 할 때는 물감을 닦을 수 있는 수건이나 휴지를 준비하는 게 좋겠지? 한지 아래에 담요나 수건을 깔고 찍으면 더 선명한 결과물을 얻을 수 있어.

준비물
한지, 먹물, 페트병, 채색 도구(물감, 붓), 휴지, 담요(수건)

활동 방법:

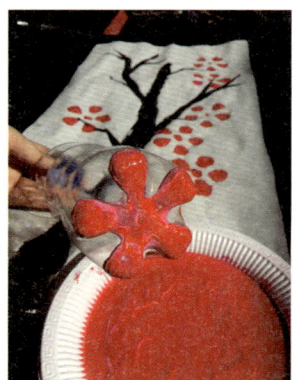

1

한지에 매화나무 가지를 먹으로 그려 줘. 그리고 물감을 접시에 듬뿍 풀어서 페트병 아랫부분에 살짝 묻혀 줘.

50

2

가지 사이사이에 물감을 묻힌 페트병을 눌러 주면 예쁜 매화꽃이 나타날 거야. 이때 물감이 너무 묽으면 선명하게 찍히지 않으니 물감에 물을 조금만 넣는 게 좋아.

완성

여러 나라 매화꽃

한국·중국·일본은 동북아시아의 공통된 문화적 전통이 있지만 각 나라의 미술 문화는 조금 다르단다. 우리나라는 자연 그대로의 느낌을 살리고자 했어. 형태는 자연스럽고 색은 조화로우며 선은 부드럽지. 반면 중국은 영토가 넓어서인지 규모가 크고 호화로우며 자연과의 조화보다는 자연과의 대비에 중점을 두었어. 일본은 인위적이고 장식적 요소를 극대화하는 걸 즐겼어. 실용성은 약하지만 관상적 가치를 강조한 거지. 자, 이제 우리도 종이(그림판)를 삼등분해서 세 나라의 특징을 살린 매화나무를 표현해 보자.

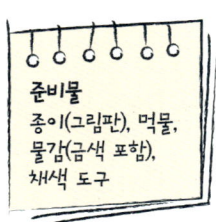

준비물
종이(그림판), 먹물, 물감(금색 포함), 채색 도구

활동 방법:

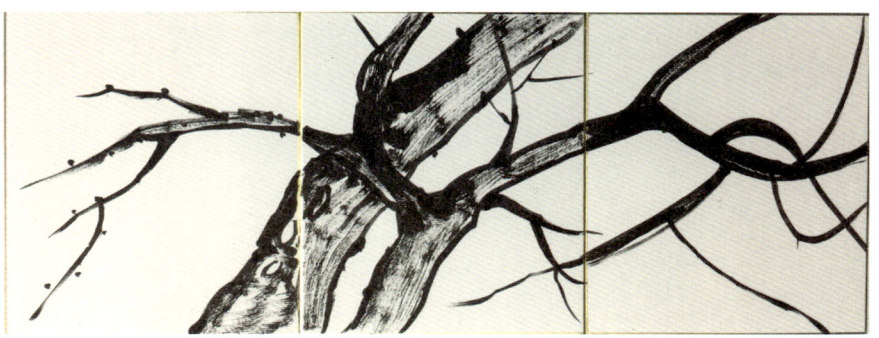

1 종이(그림판) 세 장을 가로로 길게 펼쳐 두고 먹선으로 나무줄기를 그려. 이건 부모님이나 선생님과 함께해도 좋아.

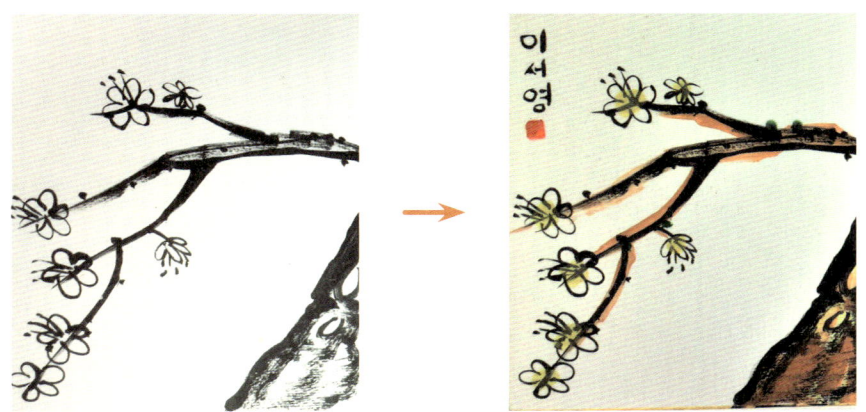

__2__ 우리나라 매화를 그릴 때에는 사실적인 묘사보다 즉흥적인 느낌에 치중해서 그려 줘. 매화나무는 먹으로 거칠게 그려도 멋있고, 매화꽃은 물감으로 콕콕 찍어서 표현해도 돼. 여백의 미를 살려 부드럽고 은은하게 그려 줘.

__3__ 중국은 화면에 빈 공간이 없도록 매화꽃으로 꽉 채워서 크게 그려 줘야 해. 색은 다양하게 채색하고, 선도 굵고 육중하게 표현해 보자.

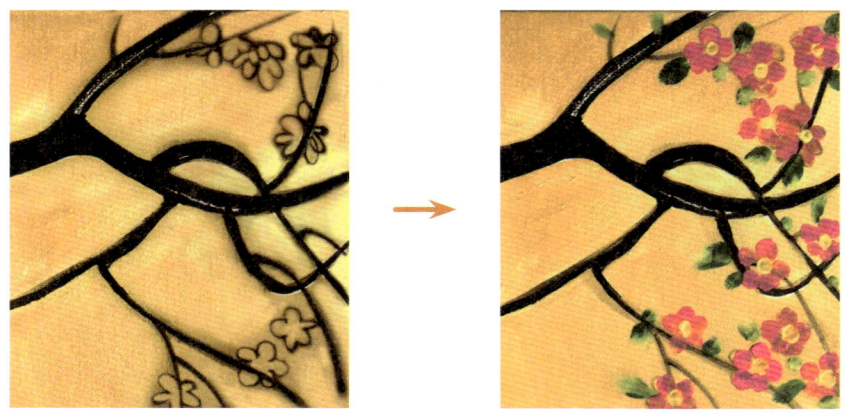

<u>4</u>　일본의 매화나무는 단조롭되, 배경은 화려하게 금색 물감으로 꾸며 줘. 선은 얇고 가볍게 그리는 게 좋아.

완성

■ 3장 수록 작품
장승업 〈붉은 매화와 흰 매화 10폭 병풍(홍백매도)〉 종이에 엷은 색, 90.0×433.5cm, 삼성미술관 리움, 40~41쪽
어몽룡 〈달과 매화(월매)〉 비단에 수묵, 119.2×53cm, 국립중앙박물관, 43쪽(왼쪽 위)
김정희 〈난초(불이선란)〉 19세기, 종이에 수묵, 55×30.6cm, 개인, 43쪽(오른쪽 위)
정조 〈국화〉 18세기 후반, 종이에 수묵, 86.5×51.3cm, 동국대학교박물관, 43쪽(왼쪽 아래)
이정 〈바람에 날리는 대나무(풍죽)〉 비단에 수묵, 127.5×71.5cm, 간송미술관, 43쪽(오른쪽 아래)
정약용 〈매화와 새(매조서정)〉 1813년, 비단에 엷은 색, 44.7×18.4cm, 고려대학교박물관, 44쪽(왼쪽)
조속 〈늙은 매화나무와 까치(고매서작)〉 17세기, 종이에 수묵, 100×55.5cm, 간송미술관, 44쪽(오른쪽)
오달제 〈매화〉 17세기, 비단에 수묵, 104.9×56.4cm, 국립중앙박물관, 45쪽
조희룡 〈붉은 매화와 흰 매화 8폭 병풍(홍백매도병풍)〉 19세기, 종이에 엷은 색, 124.8×375.5cm, 일민문화재단, 47쪽
김농 〈매화〉 18세기, 종이에 수묵, 25.8×33cm, 중국 상하이박물관, 48쪽
오가타 고린 〈붉은 매화와 흰 매화(홍백매도)〉 2폭 병풍 한 쌍, 18세기 초, 금박종이에 채색, 각 병풍 155.6×172.7cm,
　　　　　일본 MOA미술관, 49쪽(위)
구스타프 클림트 〈생명의 나무〉 스토클레 저택 벽화 초안 부분, 1905~1909년, 종이에 템페라·수채·금채·분필·연필,
　　　　　오스트리아 응용미술관, 49쪽(아래)

4장

솔바람 부는 꿈속의 풍경

자연을 그린 그림 혹시 친구들은 산수화가 뭔지 아니? 산수화란 산과 들, 강, 바다 등 자연을 그린 그림이야. 이를테면 서양의 풍경화와 아주 비슷해. 동양에서 산수화는 일찍부터 그려지기 시작했어. 하지만 초기의 산수화는 지금의 산수화랑은 많이 달라.

고구려 고분벽화야. 용맹하게 사냥하는 말 탄 무사들에 비해, 배경의 산과 나무는 어린아이가 그린 것처럼 간단하고 작아.

백제 시대의 장식 벽돌이야. 벽돌에 표현된 산과 집, 나무가 잘 그려진 산수화를 보는 듯 섬세하지 않니? 역시 나무에 비해 산의 크기가 작아 보여.

고구려 고분벽화를 좀 볼래? 말을 타고 활을 쏘는 사람들 사이에 덩그러니 자리 잡은 물결 모양의 덩어리 보이지. 그게 뭔지 알겠니? 바로 산이란다. 그런데 사냥을 하는 사람이랑 산의 크기가 비슷하다니 이상하지 않아? 아주 옛날엔 그림 속 산은 그저 인물을 돋보이게 하는 역할만 했을 뿐이었어. 그러니 산을 크게 그릴 필요가 없었던 거지. 그래서 산과 나무를 간단하고 상징적인 형태로 작게 그린 거야.

우리가 박물관에서 흔히 보는 산수화들은 이보다 한참 후에 그려졌어. 산, 강, 계곡을 제대로 그린 현재의 산수화는 '집에서도 산수를 즐기고 싶다'라는 뜻의 와유사상* 바람이 생기면서 탄생됐지. 그럼 '집에서 즐기는 산수'는 뭘까? 옛날에는 자동차나 기차, 비행기가 없어서 여행이 쉽지 않았어. 그 시절 여행이란 일생에 한 번 할까 말까 한 큰일이었지. 특히 험준한 산은 더욱 그랬어. 그래서 어쩌다 운 좋게 산을 여행하게 되면 멋진 풍경을 그려서 간직했고, 가지 못한 곳은 그림이라도 집에 걸어 놓고 아쉬움을 달랬던 거야. 사람들은 산수화를 방 안에 걸어 놓고, 산에 간 것처럼 친구들과 노래도 부르고, 술도 마시며 흥겨워했어. 산수화는 조상들의 이런 풍류로 발전한 그림이야.

조선 시대에는 유교와 도교가 유행하면서 자연을 담은 산수화가 많이 그려져. 유교와 도교의 영향으로 자연과 더불어 사는 것은 선비들의 꿈이자 유토피아가 되었어. 그래서 자연을 그린 산수화도 각광받게 된 거지.

장승업은 조선의 마지막을 장식했던 산수화가였어. 그의 산수화는 간략하게 그린 것, 세밀한 선과 채색으로 화려하게 그린 것, 스펙터클한 에너지가 넘치는 것 등 다양해. 모두 솔바람 솔솔 불 것같이 시원하고 평화

*와유사상(臥遊思想) 중국 남북조시대의 화가 종병(宗炳, 375~433)이 나이가 들어 여행을 다니지 못하게 되자 대신 방 안에 유명한 산과 들을 그린 그림을 걸어 놓고 누워서 감상했다는 것에서 유래됐다.

로운 풍경을 담고 있지. 자연과 사람이 조화롭게 어우러지는 이상적인 풍경. 집에서 즐기는 산수는 과연 어떤 그림일까?

나무들이 우거진 숲속 길 햇빛이 반짝거리고, 바람이 산들거리는 정겨운 숲속의 풍경이 담긴 아래 그림은 장승업이 젊었을 때 그린 〈단풍든 숲〉이야. 멀리 보이는 산, 맑은 물이 흐르는 계곡, 계곡 근처의 정자, 각양각색 나무들, 지그재그 산길 등이 가로로 길게 펼쳐졌어. 숲속 끄트머리에 있는 수레를 탄 선비가 이 그림의 주인공이야. 찾아볼래? 그래, 오른편 끝에 보이는 사람들 말이야. 작은 수레를 탄 선비는 동자와 함께 나무들이 우거진 숲속 길을 막 지나가는 중이야.

장승업은 산과 나무, 정자 등이 있는 산속 풍경을 깔끔한 남종화*풍으로 그렸어. 남종화풍은 자연에 느낀 감정을 중요하게 생각하고, 필법은 부드럽고 간략한 것을 말해. 예를 들면 앞에서 보았던 김정희와 그의 제자들 그림이 대표적인 남종화라 할 수 있어. 2장에서 본 김정희의 〈세한

*남종화
'남종화'는 사대부들이 취미 삼아 그린 그림으로, '문인화'라고도 한다. 보통 남종화는 부드럽고 간략하게 그린 그림을 뜻한다. 그에 비해 직업 화가들의 그림은 '북종화'라 부르고, 복잡하고 세밀한 것이 특징이다.

장승업이 그림을 막 그리기 시작했을 때의 작품이야. 원래는 두루마리였지만, 지금은 액자로 꾸며져 있어. 조금은 서툴지만 정성스럽고, 조심스럽게 그렸던 초기 작의 특징이 잘 드러나.

김정희의 제자인 전기(1825~1854)의 그림으로, 〈세한도〉와 비슷한 느낌의 남종화야.

도〉 기억하지? 이렇게 남종화는 세밀하게 잘 그린 그림이 아니고, 다소 심심하게 그린 그림이야.

〈단풍 든 숲〉은 〈세한도〉보다는 나무가 제법 다양해. 마치 수목원에 온 것 같아. 여러 가지 나무를 전시하듯 가로로 길게 죽 늘어놓았네. 아, 그런데 나무들이 자연스럽지 않고 조금 딱딱해 보이는 것 같다고? 너희들도 장승업이 나무들과 바위를 조심조심 또박또박 그려 놓은 것을 알아

챘구나. 그래, 맞아. 〈단풍 든 숲〉을 그렸던 때는, 젊은 시절로 아직 산수화 공부가 덜된 시기였어. 비록 처음부터 천재적인 솜씨로 세상을 놀라게 한 장승업이지만, 그에게도 산수화 학습은 반드시 필요했어. 산수화는 나뭇가지를 그리는 해조묘 등의 기법과 산과 바위의 질감을 표현하는 준법 등 몇 가지 꽤 까다로운 규칙이 있었거든.

Tip

■ **나무를 그리는 여러 가지 기법**

① **해조묘**: 나뭇가지를 게의 발톱처럼 날카롭게 그리는 기법이야. 한겨울의 앙상한 나뭇가지나 고목의 나뭇가지를 그릴 때 주로 사용해.

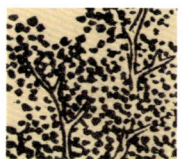

② **호초점**: 후추같이 작고 둥근 점을 조밀하게 찍거나, 붓끝을 때리듯이 찍는 기법이야. 나뭇잎을 간단하게 표현하거나, 멀리 보이는 나무를 표현할 때 쓰여. 때론 바위나 낮은 언덕에 찍는 점도 호초점이라 일컬어.

③ **송엽점**: 여러 개의 가는 선으로 뾰족뾰족한 소나무나 잣나무 잎을 표현하는 기법이야.

④ **개자점**: 세 개의 짧은 선을 사용해서 나뭇잎을 그리는 기법이야. 한자의 '介(개)' 자나 '个(개)' 자 모양처럼 보여서 개자점이라고 해.

⑤ **동엽점**: 나뭇잎에 간단한 잎맥을 그려 넣는 기법이야. 주로 오동나무 잎과 단풍나무 잎 등을 그릴 때 사용해.

■ **산과 바위를 그리는 여러 가지 준법**

① **피마준**: 산수화 그릴 때 가장 기본적으로, 가장 많이 사용하는 준법이야. 마(麻)의 올을 풀어놓은 듯하다고 '피마준'이란 이름이 붙었어. 까칠까칠한 가는 실들을 바위 위에 죽 늘어놓은 것 같은 모양새야.

② **부벽준**: 붓의 옆면을 이용해 도끼로 찍어 낸 나무의 표면처럼 나타내는 준법이야. 험악한 바위의 표면이나 깎아지른 산의 입체감과 날카로운 질감을 표현할 때 효과적이야.

③ **우점준**: 빗방울 모양의 점을 찍어 나타내는 준법이야. 세로로 긴 타원형의 점들을 촘촘히 찍어 바위나 산을 묘사한 것이야. 산의 밑부분은 크게, 위로 올라갈수록 작은 모양을 하고 있어 마치 비가 오는 것처럼 보여.

④ **하엽준**: 연잎 줄기 모양으로 산봉우리에 주로 사용된 준법이야. 물이 흘러 고랑이 생긴 산비탈 느낌을 줘. 원나라의 조맹부가 창안한 후 남종화가들이 종종 사용한 방법이야.

⑤ **미점준**: 붓을 옆으로 눕혀 마치 쌀알처럼 찍는 준법이야. 쌀알 모양의 점을 무수히 겹쳐 찍어 그리는 방법으로, 울창한 산림이나 안개 자욱한 산을 표현할 때 사용해.

조선 말기 화가들의 교과서 역할을 했던 책, 『개자원화전』이야.
중국 청나라의 책으로 산수, 사군자, 꽃, 화초와 벌레 등을
그리는 방법이 그려져 있어.

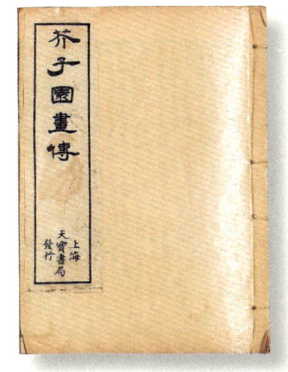

*화보
동양화 그리는 기법과 이론을 적은 책들을 말한다. 화가나 문인이 그림을 배울 때 입문서로 사용했는데, 인쇄가 발달했던 명·청 시기에 많이 발간되었다.
우리나라의 경우 조선 후기 청나라에서 들어온 『개자원화전』 『십죽재서화보』 『당시화보』 『시중화』 등이 크게 유행했다.

조선 시대 화가들은 산수화를 배울 때 『개자원화전』 등의 화보*를 보고 따라 그리거나, 대가들의 그림을 베껴 보는 방법을 이용했어. 장승업도 마찬가지야. 그도 화보와 똑같이 그리는 연습을 수없이 했다고 해. 그러나 화보는 인쇄한 책이잖아. 안타깝게 인쇄한 그림으로는 아무리 연습해도 실제 같은 느낌은 들지 않았어. 그래서일까? 〈단풍 든 숲〉에 보이는 나무·숲·산의 모습이 화보 그림처럼 딱딱해 보이는 이유 말이야.

〈단풍 든 숲〉은 당나라 시인 두목(杜牧, 803~852?)의 「산행」이란 시에서 소재를 따왔다고 알려져 있어.

수레 멈추고 앉아서 저녁 단풍 바라보니
서리 맞은 잎새는 봄꽃보다 더욱 붉구나.

〈단풍 든 숲〉은 말 그대로 가을 단풍 숲을 의미해. 그러나 붉은 단풍보다는 오히려 화사한 연분홍 꽃이 더 돋보이지 않니? 실제 어떤 사람들은 이 그림이 봄 풍경이 아닌가 의문을 갖는대. 벚꽃·복숭아꽃·살구꽃·매화꽃 등 대부분의 연분홍색 꽃이 봄에 피니까 말이야. 너희도 그런 생각이 든다고? 사실 주인공 선비를 보면, 장승업의 스승이었다고 전하는 유숙의 〈꽃 너머 작은 수레〉라는 그림 속 인물과 꼭 닮아 있는 걸 알 수 있어.

장승업의 스승으로 알려진 유숙의 그림 〈꽃 너머 작은 수레〉야. 재능 있는 화원 화가였던 유숙이 이제 막 피어나는 매화가 있는 초봄의 풍경을 실감나게 그렸어.

중국 송나라에 소옹(邵雍, 1011~1077)이란 선비가 있었어. 햇빛 반짝이는 어느 봄날, 소옹은 친구 사마광(司馬光, 1019~1086)이랑 오랜만에 향기 좋은 차를 마시기로 약속했지. 그런데 저녁 시간이 다 되도록 소옹은 약속 장소에 나타나지 않았어. 성격 좋은 사마광은 화를 내지 않고 "아, 그렇구나!" 하고 호탕하게 웃어 젖혔지. 소옹이 꽃구경하느라 약속 시간을 잊은 거라 생각한 거야. 소옹의 못 말리는 꽃 사랑은 온 동네에 소문이 자자했거든. 사마광은 소옹과의 약속에서 영감을 얻어 시를 지어. 친구 소옹을 놀리는 시의 내용이 상상되지 않니?

유숙이 그린 작품 제목은 사마광의 시에 '꽃 너머 작은 수레'라는 구절이 있어 붙여진 거래. '꽃 너머 작은 수레'는 소옹을 뜻해. 왜냐고? 검소했던 소옹은 꽃을 보러 나들이할 때 항상 작은 수레를 타고 다녔거든. 사람들은 소옹이 행차하는 것을 수레의 달그락거리는 소리로 알 수 있었대. 요란한 바퀴 소리로 '소옹이 오는구나' 여겼던 거지. 하여튼, 작은 수레를 타고 꽃구경이라니, 엄청 낭만적이지?

그나저나 어때. 장승업의 〈단풍 든 숲〉의 인물과 유숙의 〈꽃 너머 작은 수레〉 인물이 정말 닮아 있지 않아? 사실 화사한 연분홍색 꽃 그림에, 가을을 의미하는 〈단풍 든 숲〉은 적당한 제목은 아니야. 그는 무슨 생각

장승업이 그린 〈단풍 든 숲〉의 인물 부분과 유숙이 그린 〈꽃 너머 작은 수레〉의 인물 부분을 비교해 봐.

으로 이런 제목을 붙였을까? 글쎄, 어쩌면 단순히 〈단풍 든 숲〉과 〈꽃 너머 작은 수레〉 두 이야기가 헷갈려서 그런 건지도 모르지. 아니면 때때로 엉뚱했던 그가 재미있으라고 멋대로 제목을 붙였을 수도 있고.

누구보다 열정이 넘쳤던 장승업은 곧 남종화풍을 완벽히 소화할 수 있게 돼. 그렇지만 왠지 세련되고 깔끔한 남종산수화가 만족스럽지 않은 거야. 어느 날인가 그는 갑갑한 마음에 그림을 그리다 말고, 산과 강으로 정처 없이 돌아다니기 시작해. 그러다 계곡을 만나면 찰랑거리며 흐르는 물소리에 귀를 기울였어. 때론 멍하니 나무와 풀을 오랫동안 바라보기도 했고, 어쩔 땐 나무 위 새들의 노랫소리를 하염없이 듣기도 했지. 그러고 돌아오면 그림도 잘 그려졌어. 시냇물이 꿈틀대며 흘러가던 모양과 새들이 즐겁게 지저귀던 소리를 생각하면, 그림 그리는 손이 저도 모르게 신이 나고 힘이 넘쳤지. 활기차고 생동감 넘치는 기운은 자유롭던 그의 체질과 딱 맞았거든.

장승업의 실력이 잘 드러나는 세련된 남종산수화로 세밀하고 섬세하게 쏠쏠한 늦가을의 모습을 잘 표현했어.

숲속의 마을을 찾아가는 나그네
장승업은 그림 기법과 준법 또한 끊임없이 공부했어. 날마다 마치 그림을 위해 태어난 사람처럼 모든 정신을 그림에만 쏟았지. 그가 그린 산수화에서 나뭇잎 스치는 바람 소리가 들린다는 소문을 의심없이 믿을 정도로, 사람들은 그의 일취월장한 실력에 칭찬을 아끼지 않았어. 〈황공망을 본받은 산수화〉도 그런 칭찬을 받았던 그림 중 하나야. 그림이 조금 복잡해. 어떤 친구들은 이런 그림을 보면 '아, 어려운걸!' 하고 생각하더라. 알고 보면 결코 그렇지 않은데. 조금 찬찬히 볼 필요는 있지. 그리고 무엇보다 중요한 것은 산수화를 감상하는 순서야. 가로로 긴 그림은 왼쪽에서 오른쪽으로, 세로로 긴 그림은 아래에서 위쪽으로, 읽듯이 봐야 해. 이런 순서를 명심하고 그림을 한번 볼래?

그렇지. 이렇게 세로로 긴 그림은 제일 아랫부분, 잔잔한 강물부터 보는 거야. 먼저 강물 위에 놓여 있는 다리가 보이지? 다리를 건너는 쪼그만 사람 찾았니? 그 뒤를 따르는 하인도 있네. 이들은 그림의 주인공이야. 이들이 떠나는 여행이 그림의 주제라 할 수 있지. 이제 주인공들이 어디로 가는지 함께 따라가 보자.

지금 사람들이 건너고 있는 다리, 이어 작은 언덕, 다시 작은 다리가 C자 모양으로 펼쳐졌어. 그 위로 무성한 숲이 있고, 멀리 높은 산까지 자연스럽게 이어져. 주인공들은 어디로 가는 걸까? 아, 숲속에 있는 마을을 찾았구나. 그럼 바로 그 위에 절처럼 보이는 건물도 찾았니? 그래, 아마도 우리의 주인공들은 마을에 사는 반가운 친구를 만나러 가는 중이거나, 산중에 있는 절로 싱그러운 차를 마시러 가는 중인 것 같아. 장승업은 이 산수화를 무척이나 마음에 들어 했대. 뿌듯한 자부심에 그림 위, 아래에 글씨도 써 놓았지. 하지만 내용은 조금 당황스러워.

倣黃子久墨法 吾園 張承業
(중국 원나라 화가인 황공망의 그림을 모방하여 그렸다. 오원 장승업)

吾園擬黃子久意
(오원은 황공망의 뜻을 이해하고 헤아린다.)

중국 원나라의 유명한 화가 황공망을 본받아서 그린 그림이야.
너희들도 존경하거나 따라하고 싶은 위인이 있지 않니?
이를테면 황공망은 장승업의 멘토였던 셈이야.

작품에 쓰인 글들은, 모두 중국 화가인 황공망(黃公望, 1268~1354)의 그림을 모방해서 그렸다는 내용이야. 모방은 남의 것을 베껴 그리는 걸 말하는데, 장승업은 왜 두 번씩이나 강조한 걸까? 남의 것을 그대로 따라 하는 것은 부끄러운 일이잖아. 그러나 조선 시대의 모방은 단순히 베껴 그리는 것이 아니라 그림을 배울 때 사용하던 방법 중 하나였어. 유명 화가의 작품을 본떠 그리는 것은 부끄러운 일이 아니고 중요한 교육 과정이었던 셈이야.

그리고 모방이 똑같이 그리는 것만을 가리키진 않아. 화가들이 처음에는 그대로 베껴 그리며 공부하지만, 곧 그림의 좋은 기법만을 받아들여 자신의 그림에 응용했거든. 그래서 화가들이 모방했다고 밝힌 작품들을 보면 원본과 닮지 않은 작품이 의외로 많아. 말만 모방이지 알고 보면 전혀 새로운 그림인 거지. 장승업의 경우도 마찬가지야. 실제 이 그림과 비슷한 황공망의 작품은 아직 발견되지 않았어. 평소 존경했던 황공망을 생각하며 그린, 그만의 창작 산수화로 볼 수 있는 거야. 그래서인지 〈황공망을 본받은 산수화〉는 그의 대표작으로 손꼽힐 만큼, 좋은 작품으로 인정받기도 해.

바람에 나부끼는 버드나무 시인 도연명(陶淵明, 365~427)의 이야기를 담은 〈돌아가자〉는 서정성이 돋보이는 그림으로 유명해. 장승업의 나이 48세인 1890년에 완성한 거야. 이 시기는 붓을 던지기만 해도 그림이 된다고 할 정도로, 화가로서 절정을 이루었던 황금기였어. 빛나는 필력

이 돋보이는 이 그림은 도연명의 시 「돌아가자」에서 영감을 얻어 제작되었어.

자, 돌아가자.
고향에 어찌 돌아가지 않겠는가.
지금까지 고귀한 정신이 육신의 노예였으나
어찌 슬퍼하여 서러워만 할 것인가.
앞으로 바른 길을 가는 것이 옳다는 것을 깨달았다.
내가 인생길을 잘못 들어 헤맨 것은 사실이나
이제는 깨달아 바른 길을 찾았고,
지난날의 벼슬살이가 잘못된 것임을 이제 알았다.
배는 흔들흔들 가볍게 흔들리고
바람에 옷자락이 휘날린다.
나그네에게 앞길을 물어서 가며,
새벽빛 희미한 것을 안타까워한다.
마침내 저 멀리 우리 집 대문과 처마가 보이자
기쁜 마음에 급히 뛰어갔다.
머슴아이 길에 나와 나를 반기고
어린 자식들의 대문에서 손 흔들어 나를 맞는다.
뜰 안의 세 갈래 작은 길에는 잡초가 무성하지만,
소나무와 국화는 아직도 꿋꿋하구나.
어린 자식 손잡고 방에 들어오니,

언제 빚었는지 항아리엔 향기로운 술이 가득,
스스로 잔에 따라 마시며,
뜰의 나뭇가지 바라보다 기뻐 웃음 짓는다.
남쪽 창가에 기대어 앉으니,
작은 집이지만 이 얼마나 편안한가.

도연명, 「돌아가자」 중에서

장승업이 그려 낸 아름다운 풍경을 잠시 감상해 볼까? 아! 도연명이 그리운 고향집에 막 도착하는 순간을 포착해서 그린 거로구나. 지금 도연명을 태운 배가 강어귀로 서서히 다가서는 중이야. 시간은 어둠이 슬그머니 내리기 시작한 저녁나절이고, 계절은 나뭇잎 떨어지는 늦은 가을이네. 강가엔 부리나케 달려 나온 하인이 두 손을 공손히 모아 주인을 마중해. 물오른 연둣빛 버드나무 사이엔 고향집이 아른거리고, 대문 옆 담장 위에는 수탉이 주인을 맞이하듯 멋지게 올라앉았어.

시인 도연명이 지은 「돌아가자」란 시를 모티프 삼아 장승업이 그린 그림이야. 낙엽 떨어진 앙상한 버드나무가 바람에 흔들리는 늦가을 풍경을 잘 표현했어.

그런데 그림에서 뭔가 이상한 점 못 느꼈니? 수탉과 사람의 크기를 비교해 봐. 도연명보다 멀리 있는 수탉의 위치를 생각하면 닭이 마치 말처럼 크게 보여. 보통은 선비를 그릴 때 수탉은 함께 그리지 않았어. 혹 그리더라도 눈에 띄지 않게 작은 크기로 그리는 법이지. 그런데 말만큼 큰 수탉이라니! 이것은 격식에 자유로웠던 장승업만의 유머가 담긴 표현이었어. 형식에 아랑곳하지 않고, 자신이 주체가 되어 그림을 그린다는 건 신나는 경험이었지. 이런 자유로운 표현에 사람들은 감탄을 쏟아 냈지만,

그는 아직도 무언가 아쉬웠어. 그러나 그것이 무엇인지는 알 수 없었지.

솔바람 부는 꿈속의 풍경 장승업은 답답한 마음이 들 때마다 술을 들이켰어. 그런데 술 한잔 마실 때마다 나무가 말을 걸어오고, 시냇물과 저 멀리에 있는 산도 말을 걸어오는 것이 아니겠어? 술 한잔이면 세상과 대화가 가능했어. 답답했던 가슴이 뻥 뚫리는 것 같았지. 그는 신이 나서 그들과의 이야기를 빠르게 화폭에 옮겼어. 붓에 먹을 듬뿍 묻혀 휘두르면 어느새 삐죽한 산이 되었고, 다시 힘차게 붓을 놀리면 어느샌가 나무가 하늘을 향해 솟아 있었지.

　그에게 말을 걸었던 산속의 숲과 나무, 계곡이 바람에 이리저리 움직이고, 시원한 물소리가 들리는 〈솔바람 소리와 폭포〉를 봐. 까마득한 벼랑 위에서 시원한 계곡물이 사방으로 부딪치며 꺾어져 흘러내리는 모습을 빠르게 포착했어. 끝없이 쏟아져 내리는 폭포 아래엔 소나무들을 당당한 모습으로 세웠지. 그러고도 부족했는지 거대한 자연에 기죽지 않고 대화하는 선비들도 어느새 그려 놓았어. 시끄러운 세상에 아랑곳하지 않고

〈돌아가자〉와 세트로 그렸던 〈솔바람 소리와 폭포〉야. 소나무 밑 넓은 바위에 앉아 있는 선비들을 찾아봐. 시원한 폭포 소리를 들으며 차를 마시는 한가로운 여유, 멋지지 않니?

살아가는 신선들은 그가 동경하는 이상적인 세상의 인물들이야.

　장승업이 붓을 들어 신나게 산수화를 그릴 때면, 어디서 왔는지 사람들이 모여들어 탄성을 질렀어. 그가 거리낌 없이 빠른 붓을 놀릴 때마다 비단이나 종이 위에는 산과 계곡, 강, 나무가 생생한 모습으로 살아났거든.

미술놀이

마블링으로 표현한 풍경

준비물
넓은 그릇, 종이, 유성 물감, 젓가락, 검은색 도화지, 칼, 풀

장승업은 산과 나무, 정자 등이 있는 산속 풍경을 자연에서 느낀 감정대로 표현했어. 그의 작품에서 활기차고 생동감 넘치는 기운이 느껴지지. 또한 이상적인 세계도 동경해서 시끄러운 세상에 아랑곳하지 않고 살아가는 신선들의 모습도 표현했어. 우리도 꿈속의 세계나, 동화책에서 보고 느끼는 이야기대로 상상해서 표현해 보면 어떨까? 물과 기름이 섞이지 않는 원리를 이용해 물 위에 유성 물감을 떨어뜨리면 우연함 속에서 대리석 문양, 물결 문양 등 자연스러운 배경을 만들 수 있어. 내가 인상 깊었던 풍경을 마블링으로 표현해 보자.

활동 방법:

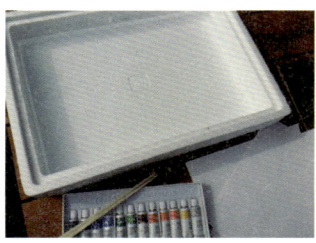

1
넓은 그릇, 유성 물감, 종이 등 재료를 준비하자.

2
마블링을 통해 노을이나 무지개, 바다의 형상을 만들어 볼 거야. 유성 물감을 물에 떨어뜨려 우연히 얻어진 무늬로 푸른 바다, 붉은 석양이 연상되는 배경을 만들 수 있어. 파도 모양은 젓가락이나 뾰족한 이쑤시개로 형상을 만들어 줘.

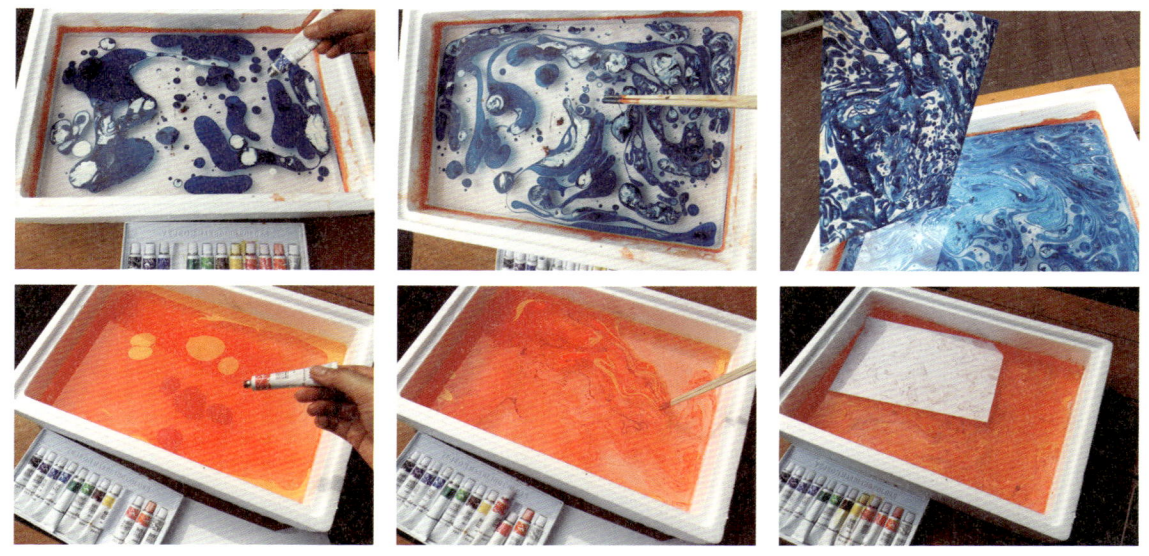

3

도시의 건물들을 검은색 도화지로 오려 배경 위에 붙여 줘. 익숙한 우리 동네도 좋고, 여행 가서 인상 깊었던 풍경을 생각하며 표현해도 좋아.

완성

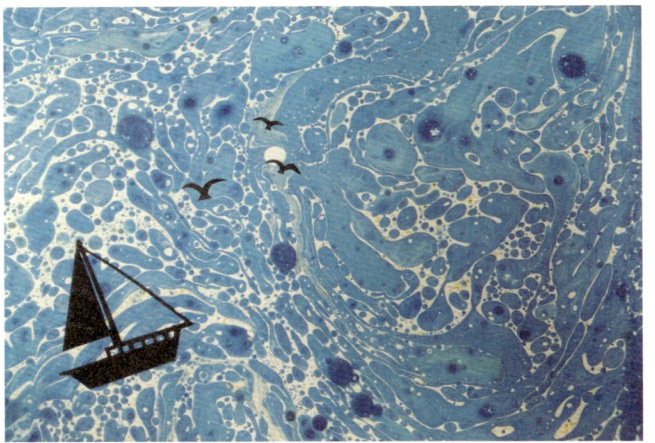

동양 회화 준법 익히기

우리나라 그림에는 자연물을 표현하는 여러 가지 방법이 있어. 수묵화에서 표현 기법은 아주 다양하지. 산과 바위, 나무를 그리는 여러 준법을 이해하며 바위와 모란을 그려 보자. 붓의 농담을 조절하기 위해서는 헌 수건이나 휴지가 필요해.

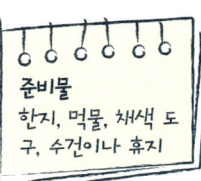

준비물
한지, 먹물, 채색 도구, 수건이나 휴지

활동 방법:

1

한지, 먹물, 밑그림 등 재료를 준비해. 밑그림 위에 한지를 대고 한지에 비친 밑그림을 연필로 따라 그린 후, 붓펜으로 덧 그려 보자.

2

바위는 붓에 먹물을 묻혀 휴지로 물기를 어느 정도 빼고, 붓을 살짝 뉘여서 지나가게 해 봐. 도끼로 찍어 낸 듯한 모양이 바로 부벽준이야. 짧고 힘 있는 붓 자국이 남게 되지.

3

모란꽃은 붓 끝으로 먹선을 긋고, 그 안에 물감으로 색을 칠해 줘. 모란 잎은 윤곽선을 그리지 않고 붓에 농담으로 단숨에 그려서 표현했어. 감정이 풍부하게 나타나고 생동감 있는 표현을 하기에 적합해.

완성

■ 4장 수록 작품

〈수렵〉 고구려(5세기 말~6세기 초), 3.79×5.42m, 중국 집안현 무용총 널방 서벽, 58쪽(위)
〈산 경치 무늬 벽돌〉 백제, 29×28.8cm, 국립중앙박물관, 58쪽(아래)
장승업 〈단풍 든 숲(풍림산수)〉 종이에 엷은 색, 40×211.5cm, 서울대학교박물관, 60~61쪽
전기 〈시냇물과 산, 풀이 우거진 풍경(계산포무)〉 1849년, 종이에 수묵, 24.5×41.5cm, 국립중앙박물관, 61쪽(위)
유숙 〈꽃 너머 작은 수레(화외소거)〉 19세기, 종이에 엷은 색, 132.4×53.3cm, 국립중앙박물관, 65쪽
장승업 〈산수〉 종이에 수묵, 16×21cm, 서강대학교박물관, 67쪽
장승업 〈황공망을 본받은 산수화(방황자구산수)〉 비단에 엷은 색, 151.2×31cm, 삼성미술관 리움, 68쪽
장승업 〈돌아가자(귀거래)〉 비단에 엷은 색, 136×32.5cm, 간송미술관, 70쪽
장승업 〈솔바람 소리와 폭포(송풍유수)〉 비단에 엷은 색, 136×32.5cm, 간송미술관, 72쪽

5장

옛 선비의 재미있는 일화나 신선 이야기

'천재 화가 장승업'의 소문은 바람을 타고 궁궐까지 날아들었어. 고종 임금은 백성들이 너도나도 칭송하는 천재가 무척이나 궁금했지. 그래서 그를 궁으로 불러들여. 화가들에게 궁에서 그림을 그리는 것은 꿈을 이루는 것과 같아. 쟁쟁한 화가들은 궁궐에 들어가기 위해 무진 애를 썼지. 그런데 출신도 보잘것없는 장승업을 임금님이 먼저 부른 거야. 화가로서는 일생의 기쁨이자 더없는 영광이었어.

그러나 어쩐지 장승업은 시큰둥해. 산과 들로, 이 마을에서 저 마을로 자유롭게 떠돌아다녔던 그에게 구중궁궐은 감옥 같아 보였거든. 그는 자신을 이리저리 떠다니는 자유로운 바람이라 여겼어. 누구의 눈치도 보기 싫었고, 누구의 마음에 드는 그림을 그리기 위해 애쓰기도 싫었어. 비록 임금님이라 할지라도 말이야. 하지만 그는 임금님의 명령을 감히 거역하지 못하고 궁궐에서 그림을 그리게 돼. 좋아하는 술도 맘껏 마시지 못하고 방 안에 갇혀 그림을 그려야 하니, 금방이라도 죽을 것같이 답답하고 괴로웠을 거야.

그러던 어느 날 밤, 자신을 지키는 사람들을 속이고 몰래 도망을 쳐. 오랜만에 주막에 가서 술을 동이째로 실컷 마시니, 정말 살 것 같았어. 곧 다시 붙잡혀 오지만 말이야. 돌아오니 더욱 감시가 삼엄해졌어. 그러나 이후에 또 도망쳤고 다시 잡혀 오기를 반복해서 나중엔 고종 임금도 화가 많이 났다고 해. 다행히 장승업의 뛰어난 솜씨를 높이 여겨 큰 벌을 내리진 않았어. 그가 이런 우여곡절을 겪으며 궁궐에서 그린 그림들은 임금님의 장수나 안녕을 기원하는 그림들이 대부분이야. 도대체 어떤 그림일까?

장수의 소망이 담긴 신선 그림

장승업이 궁궐에서 그린 그림은 임금님이 오래 살길 바라는 소망을 담고 있다고 했잖아. 이를테면 오른쪽의 〈세 사람이 나이를 이야기하다〉 같은 그림이야. 이 그림 속에는 재미있는 이야기들이 숨어 있어. 하나씩 살펴볼까?

구름이 넘실대는 언덕 위에 세 명의 노인이 모여 있네. 옹기종기 선 채로 서로 나이가 많다고 우기는 중이야. 먼저, 한 노인이 세상을 만든 창조신과 자신은 소꿉동무라고 자랑을 했어. 그러자 다른 노인이 자신은 바다가 육지로 변할 때마다 나뭇가지로 표시했는데, 그 나뭇가지가 열 칸 집을 가득 채웠다고 허세를 부리지. 이에 질세라 세 번째 노인이 뽐내면서 얘길 해. 자신은 3,000년에 한 번씩 열리는 천도복숭아를 먹고 그 씨를 곤륜산 아래 버리곤 했는데, 그 씨들이 곤륜산만큼 높아졌다고 큰소리를 쳐. 곤륜산은 봉우리가 하늘과 닿을 만큼 높다고 하는 전설 속의 산이야. 먹고

나이를 자랑하는 세 신선 이야기는 중국 송나라의 시인 소동파(蘇東坡, 1037~1101)의 『동파지림』이라는 책에 수록된 이야기란다. 장수를 기원하는 소망이 담겨 있어.

버린 복숭아씨가 곤륜산 높이라니까 얼마나 나이가 많은지 짐작할 수 없을 정도지.

이런, 이건 말도 안 되는 얘기라고? 그래. 이렇게 나이를 자랑하는 이들은 평범한 노인들은 아니란다. 바로 장수의 신선들이야. 이들이 나눈 대화는 사실 과장이 심해 믿기 어려워. 다만 둥그런 얼굴, 푹 파인 볼살, 하얀 수염 등은 영원한 삶을 살았던 신선들의 상징이 분명하단다. 신선들이 입은 **빨강**, 파랑, 노란색 옷자락이 바람결에 휘날리며 신비로운 느낌을 더해 줘. 온갖 신통한 능력이 있는 신선들이지만 얼굴이 근엄하거나 존경스러운 표정은 보이질 않아. 대신 옆집 할아버지처럼 따뜻하고 친근한 모습이야.

이제 조금 떨어져서 그림 전체를 봐 줄래? 신선들이 자랑했던 내용들이 곳곳에 숨어 있는데, 함께 찾아보자. 먼저 화면 왼쪽, 첫 번째 신선이 말한 세상이 창조되는 모습을 파도가 일렁이고 흰 구름이 피어나는 환상적인 광경으로 대신했어. 화면 아래쪽 숲속에서 두 번째 신선이 자랑한 세월을 세어 나뭇가지를 쌓아 놓은 통나무집도 발견했구나. 마지막으로 세 번째 신선이 먹었던 천도복숭아가 달린 나뭇가지는 벼랑 틈에서 찾을 수 있어. 신선들의 머리 위쪽에 드리워진 나뭇가지 보이지?

소재 하나하나를 섬세하게 표현하고, 군데군데 산뜻한 채색을 해서 그런지 그림에 생동감이 넘쳐.

신선들의 모습은 어떠니? 앞에서 말했

세상이 창조되는 모습

세월을 세었던 나뭇가지로
가득 채운 집

3,000년에 한 번 열리는
천도복숭아

던 신선의 상징 말고도 광대뼈는 튀어나왔고 턱은 넓고 이마는 벗겨진 모습이야. 조금은 괴팍한 모양새이지만 모두 환한 미소를 짓고 있어. 유치한 나이 자랑이 자기들도 좀 우스웠나 봐. 세상을 초월한 듯한 신비로운 미소는 장승업이 그린 인물의 특징이기도 해.

예찬과 오동나무 이야기

"아니, 조금 위쪽! 아니 왼쪽으로 더 가야지!"
"주인님, 여기, 여기 말이옵니까?"

까까머리 동자가 오동나무에 가까스로 매달려 있는데, 주인은 아랑곳하지 않고 폭풍 잔소리 중이야. 그림에 등장하는 주인은 예찬(倪瓚, 1301~1374)이라는 선비야. 그는 중국 원나라 때의 인물로 강박에 가까울 정도로 깔끔한 성격의 소유자였대. 얼마나 깔끔한지 항상 흰옷만 입었고, 집 안을 드나들 때마다 흰 버선을 새로 갈아 신었다고 해. 그래서 집안일을 하는 하인들은 늘 집 안팎을 청소해야 했고, 뒤뜰에 있는 오동나무 또한 매일 깨끗하게 닦아야 했지. 웬 오동나무냐고? 이 오동나무는 예찬이 특별히 아꼈던 나무였거든.

까까머리 동자

깔끔쟁이 예찬

어느 날 오후, 예찬은 바쁜 까까머리 동자를 불러 오동나무를 깨끗이 닦도록 명해.

"주인님, 오동나무는 아침에 이미 닦았는데요."

어리둥절한 동자는 대답했지. 그러나 예찬은 "집에 오신 손님이 방금 나가면서 나무 앞에서 재채기를 했으니 다시 닦도록 해라." 하고 이야기해. 황당한 명령이었지만 할 수 없이 동자는 다시 오동나무를 깨끗이 닦아야 했어.

〈오동나무를 닦고 있는 동자〉는 예찬의 오동나무 이야기를 그린 거야. 예찬은 중국 원말사대가* 중 한 명으로, 선비들의 이상적인 롤 모델이었어. 부잣집 아들로 태어나 어려움 없이 어린 시절을 보냈고, 청년 시절 이후에는 예술을 사랑하는 문인이자 화가로 유명해졌어. 공부를 많이 해서 똑똑했던 그에게 나라에서는 높은 벼슬을 내렸지만, 사양하고 시골에 묻혀 살아 사람들에게 더욱 존경받았지.

예찬이 살았던 원 말기는 나라가 정치적·도덕적으로 부패하고 사회적으로 여러 가지 폐단이 끊이지 않던 시끄러운 시기였어. 그래서 사람들은 시를 쓰고 그림을 그리며 조용히 살았던 예찬을 고고하고 청렴한 진짜 선비라 여기며 사랑했지. 이런 예찬의 삶에 화가들은 관심을 갖고 다양한 그림으로 남겨. 화가들은 예찬의 일화 중 오동나무를 닦게 한 이야기를 제일 좋아했어. 언뜻 이 이야기는 깔끔한 예찬이 마당의 오동나무마저 닦게 했던, 유별난 결벽증을 보여 주는 이야기잖아. 그러나 찾아온 손님이 거들먹거리며 세상과 타협하라고 건넨 말들을 고고한 선비 예찬은 싫어하고 경계했다는 뜻도 담겼어. 혹, 나무에 붙었을지 모르는 티끌만 한 더러움마저 깨끗이 닦았다는 것으로, 그의 강직한 청렴함을 설명하고 있는 거야. 예찬의 고고함과 청렴함을 은유하기에 오동나무는 더할 나위 없이 좋은 소재였거든.

장승업도 예찬과 오동나무의 이야기가 맘에 들었어. 세상에 얽매이지

* 원말사대가
원대 말기에 활동한 화가 황공망, 오진(吳鎭, 1280~1354), 왕몽(王蒙, 약 1308~1385), 예찬을 한데 묶어 원사대가 또는 원말사대가라고 한다. 그들의 독특하고 개성적인 화풍은 중국뿐 아니라 우리나라의 화가들에게 큰 사랑과 존경을 받았다.

않고, 자신의 의지대로 살았던 예찬과 자신이 닮았다고 생각했거든. 그는 차분한 마음으로 윤곽선을 그려 나가. 실로 오랜만에 눈을 반짝이며 집중했지. 천천히 선을 긋고 엷게 채색하면서 은은하고 아름답게 그림을 완성해 갔어.

먼저 화면 전면에 맑은 푸른색의 나뭇잎이 무성한 오동나무를 마당 한편에 위풍당당 세워 놓았어. 주인공 예찬은 흰 손수건을 들고 바위에 앉아 있고, 오동나무를 닦는 동자는 나무에 오르는 찰나야. 가지런한 수염과 옷자락의 깔끔하고 가는 선들이 예찬의 까다로운 성격을 말해 주는 듯해. 이리저리 뒤틀리며 휘휘 돌아간 나무 기둥에는 더욱 섬세한 선들이 사용되었어. 울퉁불퉁한 나무 돌기, 꿈틀꿈틀한 나무 기둥의 결이 살아 움직이는 것 같지 않아? 장승업은 영리하게 그림을 완성했어. 대각선으로 배치한 오동나무와 예찬 사이는 빈 공간으로 처리하여 깔끔함과 시원한 느낌을 주거든. 그리고 오동나무와 예찬, 동자만으로 구성한 그림은, 예찬의 이야기를 단박에 추측할 수 있게 해 줘.

〈오동나무를 닦고 있는 동자〉처럼 옛 선비의 재미있는 이야기를 그린 그림을 '고사인물화'라 하고, 신선을 그린 그림들은 '도석인물화'라 불러. 화가들은 종종 그림을 통해 자신의 생각과 바람, 그리고 당시의 사회 상황

원나라 화가 예찬의 결벽증을 주제로 한 장승업의 작품이야.
더러움을 못 참아 정원의 오동나무까지 닦게 했다는 예찬의 이야기는
수많은 화가들의 그림 소재가 되었어.

원말사대가의 작품들

황공망 〈부춘산거〉 부분
〈부춘산거〉는 황공망이 말년에 살았던 부춘산과 주변의 아름다운 풍경을 그린 산수화야. 중국 산수화 중에서 최고의 작품으로 손꼽혀.

오진 〈동정어은〉(왼쪽)
오진은 한평생 고향을 떠나지 않은 채 숨어 살았던 문인 화가야. 시와 글씨에도 뛰어나 자기의 그림에 시를 써서 완성한 작품이 많아. 이 그림의 시에는 '농어를 낚을 뿐, 이름은 낚지 않는다네'라는 구절이 있는데, 명예를 쫓아가지 않는 자신의 청빈한 삶을 은유한 것이야.

왕몽 〈청변은거〉(가운데)
왕몽의 고향인 변산의 풍경을 그린 것으로 독특한 산수화풍을 보여 줘. 그만의 특징인 구불구불한 짧은 선으로 완성한 산을 보면 마치 살아 움직이는 듯 역동적이지 않니?

예찬 〈육군자〉(오른쪽)
그림의 제목인 〈육군자〉는 본래 중국의 덕이 높았던 여섯 사람을 뜻해. 예찬은 나무 여섯 그루를 고고하고 품위 있게 그려 놓고 '육군자'라는 제목을 붙여 버렸어. 먹물을 조금만 묻혀서 붓질이 마르고 거칠게 느껴지는 것은 그만의 특징이지.

을 설명해. 조선 말기는 나라 안팎이 혼란스러운 시기였다고 한 것 기억하지? 사람들은 괴로움과 혼란에서 벗어난 평화로운 세상을 꿈꿨어. 그래서 장수와 안녕을 기원하는 신선이나 자연 속에 살았던 옛 선비들의 고고한 삶을 동경하게 된 것이겠지. 그래서인지 고사인물화와 도석인물화가 조선 말에 크게 유행하기도 했어.

그런데 이상하지 않아? 앞장에서 본 그림인 〈돌아가자〉와 〈단풍 든 숲〉도 도연명과 소옹이라는 선비의 이야기인데 왜 고사인물화가 아니고 산수화라고 설명했을까? 이유는 간단해. 〈돌아가자〉와 〈단풍 든 숲〉을 보면 인물보다는 산수의 비중이 더 커. 사람은 작아서 잘 보이지 않아. 사람보다는 산·물·나무 등 자연물이 많고 커서 산수화로 분류하는 거야.

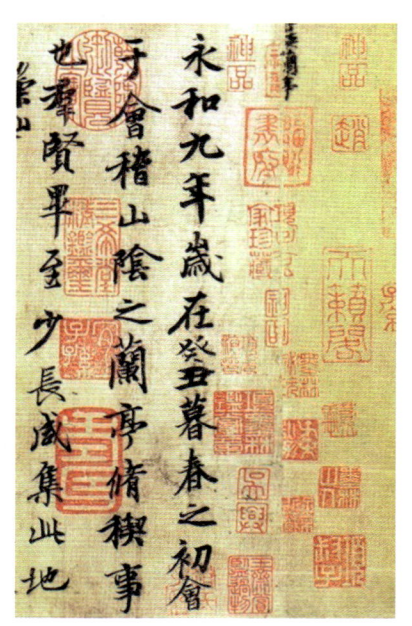

왕희지가 사랑한 거위 장승업 그림의 특징 중 하나가 신비로운 미소라고 했잖아. 이런 미소를 머금은 그림 중, 왕희지(王羲之, 303~365 또는 321~379)의 이야기를 그린 작품도 있어. 중국 동진에 살았던 왕희지는 '서예의 신'이라는 별명이 붙을 정도로 글씨를 잘 썼어.

그는 거위를 유난히 좋아했던 것으로도 아주 유명했지. 부드럽게 움직이는 거위 목을 보고 특유의 서체인 왕희지체를 만들어 냈다고 하니, 어떻게 거위를 좋아하지 않을 수 있겠어? 그와 거위가 관련된 특별한 이야기가 많이 전해지는데, 그중 한 가지를 이야기해 줄게.

왕희지의 〈난정서〉는 돈으로 가격을 매길 수 없는 최고의 서예 작품으로 대접받아.
사실 이 작품은 진짜는 아니고 왕희지의 글씨를 베껴 쓴 작품이야.
안타깝게도 왕희지의 진품은 현재 전해지지 않아. 비록 진작은 아니지만
왕희지 글씨가 느껴지는 것만으로도 감동받은 사람들이 앞다투어 낙관을 해서
글씨 위에 빨간색 도장이 가득해. 도장은 작품의 가치를 말해 주는 표시이기도 하단다.

어느 날 왕희지는 이웃 동네에 사는 도사가 훌륭한 거위를 갖고 있다는 소문을 듣게 돼. 글쎄, 그 거위가 털의 윤기는 반드르르하고 다리는 쭉 뻗어 있어 주변에서는 보기 드물게 잘생긴 거위라는 거야. 안달이 난 왕희지는 당장 달려가 자신에게 거위를 팔라고 졸라 댔어. 도사는 『황정경』이란 경전을 써 주면 거위를 주겠다고 제안하지. 그러자 주위에 구경하고 있던 사람들이 웅성웅성 수군거렸어. 사실 이런 제안은 다른 사람들이 보기에는 말도 안 되는 허무맹랑한 이야기였거든. 천하 명필 왕희지의 글씨는 당시 비싼 가격에 거래되었고, 그나마도 귀해서 얻기 어려운 명품이었거든. 아무리 잘생긴 거위라지만, 한낱 한 마리의 거위 값하고는 비교가 안 되는 높은 가격이었지. 그런데 왕희지는 순순히 『황정경』을 써 줘. 그리고 드디어 거위를 손에 넣자 기쁜 마음에 "야호!" 하고 만세를 불렀다나.

어머니. 친구들도 좋아하는 장난감을 갖기 위해 열 배, 아니 만 배 이상의 금액과 주저 없이 바꿀 수 있어? 사실 이런 결정은 보통 사람들에겐 쉽지 않은 일이야. 눈앞의 거위 생각에 앞뒤 재지 않았던 왕희지를 보면 얼마나 거위를 좋아했는지 짐작할 수 있지. 이렇게 거위를 사랑한 왕희지 이야기는 많은 화가들의 그림 소재가 되었는데, 총 세 부분으로 나뉘어.

첫 번째는 왕희지가 거위를 얻기 위해 도사에게 글씨를 써 주는 장면, 두 번째는 거위를 얻어 기쁜 마음으로 집으로 돌아가는 장면, 세 번째는 연못가의 거위를 바라보며 즐거워하는 장면이야.

자, 그럼 왕희지의 대단한 거위 사랑을 기억하며 〈왕희지가 거위를 바

라보다〉를 볼까? 이 그림은 왕희지의 이야기 중 세 번째 경우야. 바위에 기댄 왕희지가 도사에게 얻어 온 거위를 사랑스럽게 바라보는 장면이지. 날이 더운지 더벅머리 동자는 부채를 흔들어 주인에게 바람을 날리는 중이야. 왕희지의 얼굴 좀 볼래? 연못에서 놀고 있는 거위가 그렇게 좋은가 웃음꽃이 피었어. "얘야, 살살해라. 우리 거위 놀라겠다." 하고 부채를 부치는 동자를 타이르고는 다시 싱글벙글이네.

장승업은 왼쪽 그림에 채색은 아주 조금 하고, 대부분 검은색으로 단순하게 처리했어. 하지만 왕희지의 옷자락을 봐. 선이 아주 부드럽고 섬세하여 심심해 보이지 않고, 오히려 풍성한 느낌이 있어. 인물의 모습은 중국 화보를 통해 익혔을 것으로 파악돼. 장승업을 비롯해 많은 화가들이 화보에서 많은 것을 배우고 응용했다고 했잖아. 왕희지의 모습도 아주 똑같지는 않지만, 화보의 인물과 유사한 걸 알 수 있지. 당시 화보가 교과서 역할을 했던 것이 맞긴 한가 봐.

그러나 짧고 결단력 있는 선으로 표현한 각진 바위, 기다랗고 높은 누각,

새하얀 거위 두 마리가 연못에서 헤엄치고 있어. 이 거위들을 흐뭇하게 바라보는 인물이 바로 서예가 왕희지란다. 그는 거위 목의 부드러운 움직임에 힌트를 얻어 왕희지체란 글씨체를 만들었대.

장승엽이 왕희지의 거위 일화 중 거위를 얻기 위해 도사에게 글씨를 써 주는 장면을 그린 거야.

장승엽 〈왕희지가 거위를 바라보다〉의
왕희지 부분(왼쪽)과 『시중화』의
인물 부분(오른쪽)이야.
『시중화』는 중국에서 조선 말기에
들어온 책으로, 화가들이 인물화를
그릴 때 많이 참고했어.

낮과 밤이 공존하는 이런 낯선 조합으로 그림을 그리는 기법을 서양에서는 '데페이즈망'이라고 해.

멀리 보이는 어렴풋한 산 그림자 등의 비현실적인 분위기는 장승업만의 솜씨야. 왕희지 얼굴에 보이는 신비로운 미소 또한 그만의 특징이고.

조금은 이상해 보이는 소재들이 서로 어울리며 주는 느낌은, 마치 현대의 미술 장르인 초현실주의* 그림을 보는 듯해. 초현실주의 대표 화가인 르네 마그리트(René Magritte, 1898~1967)의 그림은 묘한 느낌이 강해. 위쪽의 그림을 언뜻 보면 한적한 마을을 그린 흔한 풍경화로 보여. 하지만 거리와 건물은 밤이고, 하늘은 흰 구름이 둥둥 떠다니는 낮의 모습이야. 르네 마그리트는 이렇게 서로 어울리지 않는 모습을 구성하여 비현실적인 그림을 그렸어.

*초현실주의
초현실적이고 비합리적인 자유로운 상상을 추구하는 미술.

그도 장승업처럼 엉뚱하고 자유로운 성격을 지녔었대. 그렇게 생각하면 장승업의 비현실적인 그림은 자유분방하고 괴팍한 성격에서 왔을지도 몰라. 그래서일까? 어떤 사람들은 〈왕희지가 거위를 바라보다〉를 보고 '과연 장승업다운 그림이군!' 하며 감탄하기도 한단다.

이 작품은 전선의 그림으로 장승업의 그림과는 여러 면에서 다르지? 주인공 왕희지를 찾아봐. 정자에 서서 점잖게 거위를 바라보는 왕희지의 모습이 조그맣게 표현되었어.

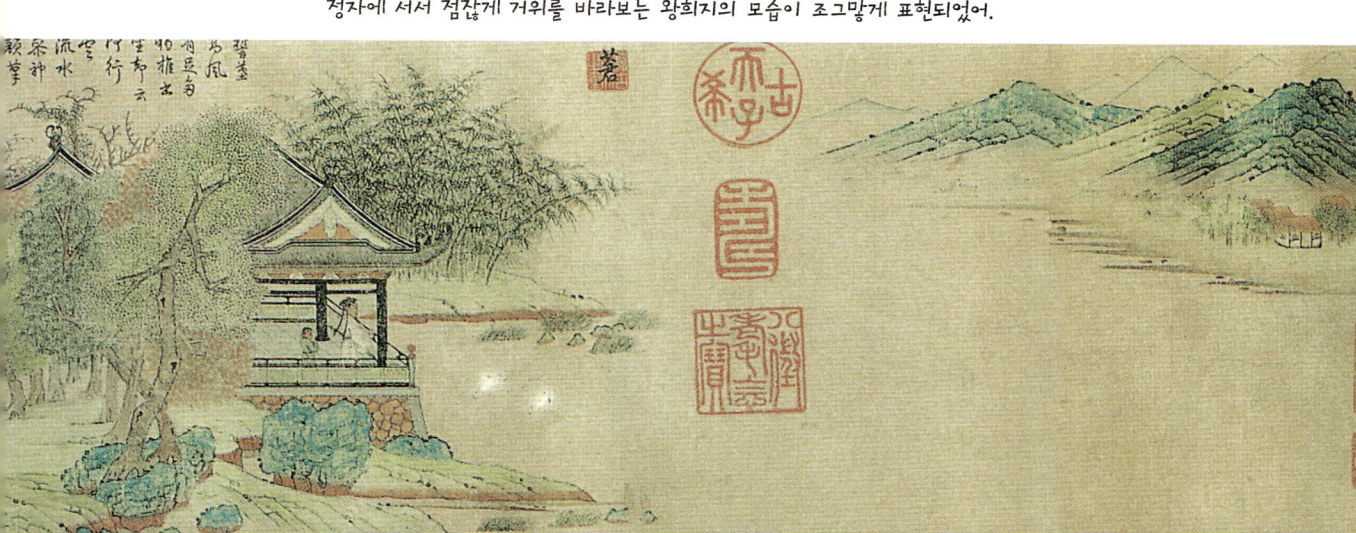

왕희지와 거위에 관한 이야기는 다른 화가들에게도 흥미로운 주제였어. 그중 원나라 화가 전선(錢選, 원나라 초기 활동)의 〈왕희지가 거위를 바라보다〉가 제일 유명한 그림일 거야. 전선은 뛰어난 학자였지만, 벼슬을 거부한 채 고향에 살며 그림을 팔아 생활했다고 해. 그는 왕희지와 거위의 이야기를 장승업과는 다르게 그렸어. 우선 인물보다 배경인 산과 호수의 비중이 보다 큰 것을 알겠지? 그림을 짙은 색으로 채색한 것도. 주로 청색과 녹색을 많이 사용한 이런 그림을 '청록산수화'라 불러. 청록산수화법은 중국의 옛 나라인 당나라에서 주로 그려진 화법이었어.

당나라는 칭기즈칸의 후예(몽고인)가 세운 원나라에 망하고 그들의 지배를 받았어. 즉, 중국 본래의 민족인 한족이 몽고족이라는 이민족의 지배를 받게 된 거지. 전선은 한족 선비였어. 그는 옛 조상들의 전통적인 방법으로, 존경받았던 서예가 왕희지를 묘사하여 간접적으로 한족 문화의 우수성을 표현한 거야. 그래, 〈왕희지가 거위를 바라보다〉는 원나라에 대한 저항이라 볼 수 있어. 그림을 통해 나타낸 전선의 소리 없는 외침인 셈이지.

장승업이 그린 또 다른 〈왕희지가 거위를 바라보다〉야. 왕희지가 바위에 기댄 채 거위를 바라보고 있어. 아마도 사랑하는 거위가 헤엄치는 모습을 가까이에서 관찰하고 싶었나 봐.

미술놀이

십장생을 이용한 윷판 만들기

> **준비물**
> 연필, 천, 유성펜, 자

십장생은 오래도록 살고 죽지 않는다는 열 가지를 말해. 십장생에는 어떤 것들이 있는지 알아보고 직접 윷판을 만들어 가족과 함께 윷놀이를 즐겨 보면 어떨까? 십장생은 대체로 해, 산, 물, 돌, 소나무, 달 또는 구름, 불로초, 거북, 학, 사슴을 말하는데, 우리나라에서는 예로부터 각종 장식품이나 민화를 그릴 때 주요한 소재로 쓰였어.

거북, 불로초, 소나무, 학은 장수를 뜻하고, 물은 생명, 구름은 인간의 마음, 산은 의지, 사슴은 재생력(부활), 바위는 변함없는 것을 의미해. 또 해와 달은 영구히 빛나듯이 인간의 수명도 길기를 기원한다는 의미가 있어.

활동 방법:

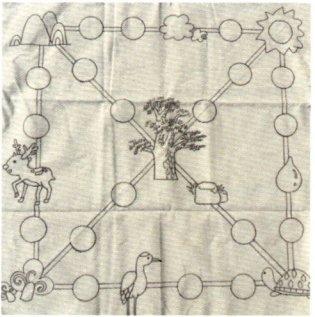

1

광목천에 빨아도 지워지지 않는 유성펜으로 윷판을 그려 볼 거야. 도, 개, 걸, 윷, 모 자리 중간중간에 산, 해, 달, 소나무, 사슴, 학을 그려 넣어 보자.

2
완성된 윷판을 유성펜으로 예쁘게 색칠해 완성해 줘.

완성

■ 5장 수록 작품

장승업 〈세 사람이 나이를 이야기하다(삼인문년)〉 비단에 채색, 143×69cm, 국립중앙박물관, 83쪽
장승업 〈오동나무를 닦고 있는 동자(오림세동)〉 비단에 엷은 색, 141.5×40cm, 삼성미술관 리움, 87쪽
황공망 〈부춘산거〉 부분, 1347~1350년, 종이에 수묵, 33×636.9cm, 타이완 타이베이고궁박물원, 88~89쪽
오진 〈동정어은〉 1341년, 종이에 수묵, 146.4×58.6cm, 타이완 타이베이고궁박물원, 88쪽(왼쪽)
왕몽 〈청변은거〉 종이에 수묵, 140.6×42.2cm, 중국 상하이박물관, 88쪽(오른쪽)
예찬 〈육군자〉 1345년, 종이에 수묵, 중국 상하이박물관, 89쪽
왕희지 〈난정서〉 당대 모사본 부분, 중국 베이징고궁박물원, 90쪽
장승업 〈왕희지가 거위를 바라보다(관아도)〉 비단에 엷은 색, 143.5×41cm, 개인, 92쪽
장승업 〈왕희지가 황정경을 쓰는 모습〉 종이에 엷은 색, 74.2×121.5cm, 국립중앙박물관, 93쪽(위)
『시중화(詩中畵)』 인물 부분, 1885년, 청나라 말기 발행된 화보집, 93쪽(오른쪽 아래)
르네 마그리트 〈빛의 제국 Ⅱ〉 1950년, 캔버스에 유채물감, 78.8×99.1cm, 미국 뉴욕현대미술관, 94쪽(위)
전선 〈왕희지가 거위를 바라보다(왕희지관아)〉 13세기, 종이에 채색, 23.2×92.7cm, 미국 메트로폴리탄미술관, 94쪽(아래)
장승업 〈왕희지가 거위를 바라보다(왕희지관아)〉 종이에 엷은 색, 126.5×30.5cm, 선문대학교박물관, 95쪽

6장

사랑스럽고 귀여운 동물 그림

생생한 동물 그림 친구들, 강아지나 고양이 좋아하지? 이런 반려동물들은 아주 오래전부터 사람들과 함께 살았어. 특히 강아지나 고양이는 가족과 같은 사랑을 듬뿍 받았지. 장승업도 동물을 사랑하는 마음이 남달랐어. 무엇이든 잘 그렸던 그였지만, 동물 그리는 시간을 제일 좋아했다고 해. 거리낌 없고 천진무구한 성격이 동물과 쉽게 동화되었던지, 그가 그린 동물엔 사랑스러움과 순진함이 넘쳐.

그러나 다른 화가들은 동물 그림을 썩 즐기지 않았어. 이유는 간단해. 주변에서 흔히 볼 수 있던 동물들은 실제 모습과 닮았는지 안 닮았는지 금방 표가 나잖아. 그리자마자 화가의 실력이 바로 탄로 났을 테지. 잘 그리면 다행인데, 잘 못 그린다는 얘길 들으면 창피하지 않겠어? 그래서 동물 그림을 잘 그리지 않은 것 같아. 또 바쁜 화가들에게 오랜 시간 관찰이 필요한 동물 그림은 시간적인 부담도 있었을 테고. 어찌 보면 동물 그림은 프로 화가로서의 능력을 제대로 보여 주는 분야였다고 볼 수 있어. 자존감 넘쳤던 장승업은 그걸 즐겼던 것 같아. 그가 그린 고양이나 개, 말 등은 실제보다 더 실제 같다는 칭찬을 듣기도 했어. 진짜 그런지 한번 볼래?

하얀 코의 귀여운 고양이 향긋한 꽃향기가 바람에 날아갔나? 바위 틈새, 탐스럽게 핀 장미꽃 주위에 벌 한 쌍이 날아들었어. 둥글게 꼬리를 말고 꿀벌을 올려다보는 고양이를 좀 봐. 꽃잎이 떨어진 듯 코가 하얘. 앵앵거리는 꿀벌들이 신경 쓰이는지 노려보는 하얀 코의 고양이가 무척 귀여워.

전통적으로 고양이가 있는 그림은 그냥 동물 그림은 아니야. 소원과 상징을 담고 있지. 예전부터 아름다운 장미는 풍요로움과 고귀함을, 묵직한 바위는 오래 사는 장수를 의미하는 것이었어. 또한 고양이는 나쁜 기운을 쫓는 동물이라 여겼어. 바위와 마찬가지로 장수도 상징했지. 그런데 왜 고양이가 장수를 상징하는 걸까? 고양이를 뜻하는 한자인 '묘(猫)'를 중국어로 발음하면 '마오'야. '마오'는 70세 노인이라는 뜻도 가지고 있어. 즉, 중국에서 '마오'는 고양이와 70세 노인이라는 두 가지 뜻이 있는 동음이의어야. 사람들은 장수를 기원하는 마음을 담아 고양이 그림을 어른들께 선물했어. 옛날에 70세면 지금의 100세쯤으로, 오래오래 건강하게 사시라는 기원을 담은 거야. 그래, 앞 장에서도 장수를 기원한 그림이 있었잖아. 앞에서 보았던 신선 그림은 왕실이나 귀족들이 좋아했고, 고양이는 일반 백성들이 좋아했던 장수 기원 그림으로 이해하면 될 것 같아.

장승업은 하얀 코의 고양이를 물기 있는 붓으로 새침하게 그렸어. 사실 이 그림은 실제

머리 위를 날아다니는 벌들이 성가신가?
흘겨보는 고양이 눈빛이 장난기 가득한
개구쟁이처럼 귀엽고 사랑스러워.

처럼 자세히 그린 그림은 아니야. 대신 옆집 고양이를 보는 것처럼 친근하고 귀여운 느낌이 들지 않니? 사랑스러움도 마구마구 풍기고 말이야.

이 귀여운 고양이랑 같은 병풍에 그려진 강아지 그림도 볼래? 강아지의 모습이 유머러스하게 표현된 그림이야. 복슬복슬 긴 털 탓에 털 뭉치로 보이는 이 강아지는 삽살개야.

그림을 좀 봐. 오동나무 사이로 둥근 달이 떠 있고, 나뭇가지엔 넓은 오동잎이 매달려 있어. 앞의 예찬의 고사에서 보았던 오동나무와는 다르게 대충 그린 것처럼 보이지만, 나름의 매력이 있는 멋진 오동나무야. 그 나무 아래, 복슬한 삽살개가 나무를 올려다보네. 아니 보름달을 바라보는 걸까?

무심하게 툭툭 붓질한 복슬강아지의 모습이 매우 익살맞아. 커다란 오동잎 사이로 보이는 보름달은 가을밤의 정경을 잘 설명하고 있어. 고양이도 그랬듯이 이 그림도 단순한 강아지 그림은 아니야. 삽살개 그림도 집안의 나쁜 기운을 쫓아낸다는 의미를 지니고 있어. 오래전부터 우리 민족은 삽살개를 신령스러

귀신도 쫓는다는 삽살개지만, 주인 앞에서는 반드시 꼬리를 내리는 충성심을 지녔지. 사람 말도 잘 알아듣고, 집도 잘 지키는 영리한 개로 유명해.

조선 시대 화가 김두량 (1696~1763)이 그린 〈삽살개〉야. 가는 붓으로 반복적으로 선을 그어 털 하나하나 섬세하게 표현했어.

운 동물로 여겼고, 귀신을 쫓는다고도 믿었어. '삽살개'라는 이름 자체가 '귀신, 액운을 내쫓는다'는 뜻에서 유래되었다고 해. 그래서 우리나라에서는 옛날부터 삽살개를 많이 키웠대. 지금은 천연기념물로 지정되어 귀한 대접을 받고 있지.

   장승업은 삽살개를 여러 장 그렸어. 사람들이 나쁜 기운을 쫓기 위한 주술적인 용도로 삽살개 그림을 많이 주문했거든. 더구나 그림에 삽살개가 바라보는 오동나무는 전설의 봉황새가 날아들어 둥지를 튼다는 신성한 나무야. 사람들은 이런 좋은 뜻이 가득 담긴 오동나무와 삽살개 그림을 부적처럼 집에 걸어 놓기도 하고, 때론 귀여운 동물 그림으로 즐기기도 했던 것이지.

두 마리의 멋진 말 와우, 말들이 정말 멋지구나! 오른쪽 〈명마를 기르는 행복〉은 멋진 말 두 마리와 함께 있는 한 남자를 그린 그림이야. 빈틈없는 묘사력으로 보아 장승업이 전성기인 40세 후반에 제작된 작품으로 추측돼. 좁고 긴 화면은 오른쪽 위를 시원하게 비워 놓았어. 색채는 대체로 검은색을 많이 썼지만, 흰색과 푸른색을 적절하게 사용하여 부드럽고 섬세한 느낌을 줘. 위쪽에는 거친 나뭇가지를, 아래쪽의 언덕에는 말 두 마리와 몸집이 큰 인물을 분리해서 배치했어. 관대를 쓴 남자를 봐. 장승업의 그림에서 자주 보이는 낯익은 얼굴이야. 화가는 인물을 그릴 때 자기도 모르게 자신의 얼굴과 닮게 그린다고 하니, 어쩌면 몸집 건강한 남자가 장승업의 모습일 수도 있겠다. 그림 속의 남자는 눈이 가늘고, 얼굴은 울룩불룩하며, 둥근 턱을 가지고 있어. 풍만한 상체는 풍선처럼 부풀어서 빵빵해 보이는 모습으로 조금 비만인 것 같아. 그치?

진짜 장승업의 모습도 이랬을까? 장승업을 묘사한 글들을 보면 그렇진 않은 것 같아. 그는 보통 체격에 갸름한 얼굴을 하고 노란 눈을 가졌었대. 더군다나 술독으로 코는 딸기코였고, 콧수염이 제멋대로 났었다 하니 조금 우스꽝스러운 모습이 상상되지. 그러나 그에게는 어딘지 모르게 맑은 기운이 풍겼고, 마치 연예인처럼 눈에 띄는 환한 광채가 멀리서도 느껴졌대. 결코 평범한 인상은 아니었나 봐. 어때, 그림의 인물과 신비스러운 느낌만은 비슷한 것 같지 않아?

말의 모습은 어때? 가슴과 엉덩이가 통통하게 살이 붙은 모습이 혈기 왕성해 보이지. 갈색을 바탕으로 푸른색, 검은색, 흰색의 얼룩무늬가 어우러져 있는 것이 불가사의한 느낌을 풍기네. 말의 콧잔등과 엉덩이의 흰

두 마리의 말을 그린 그림이지만, 앞의 갈색 말만 돋보이지 않니? 주인이 예뻐했는지 갈색 말은 이빨을 드러내며 '씨익' 웃고 있어. 반면에 뒤쪽을 봐. 검은색 다리의 말은 이런 상황이 어지간히 심술 났나 봐. 고개를 처박고 씩씩거리는 모습에 왠지 웃음이 나.

색은 그림을 활기차게 하는 역할을 하고 있어. 강한 느낌의 거친 나뭇가지도 활기참에 한몫하고 있고. 그나저나 나뭇가지 위에 적혀 있는 글씨는 무슨 뜻일까?

오원 선생의 진적은 세간에 드물다.
원하건대 안목이 있는 사람들은 서로 전하여 썩지 않기를 바란다.

이 글은 후배 화가 김윤보(1865~1938)가 글을 짓고, 노원상(1871~1926)이 글씨를 쓴 것으로, 둘이 합작해서 완성했다고 해. 글 내용을 풀어 보면 장승업의 가짜 그림이 세상에 많지만, 이 그림은 진짜라는 뜻이야. 그리고 그림을 잘 보관하여 후대에 물려주기를 바란다고도 했어. 글씨 끝부분에 찍힌 도장 보이니? 화가들은 그림을 그린 후, 자신의 이름이나 호가 새겨진 도장을 찍어 그림을 완성해. 자신의 그림임을 인정하는 것으로, 사인 같은 거지. 그림 감정가들은 도장이 찍힌 것으로 진짜와 가짜를 구분하기도 해.

당연히 장승업에게도 다양한 도장이 있었겠지. 특히 친하게 지냈던 오세창이라는 유명한 전각가의 도장이 많았어. 오세창은 시간이 날 때마다 그의 이름을 정성스럽게 새겨 만들어 주었다고 해. 그러나 장승업은 도장을 매번 잃어버리기 일쑤였어. 이 집 저 집 떠돌아다니며 자유롭게 살았던 그에게 도장 따위는 쓸데없는 짐이었거든. 그래서 그의 그림 중엔 글씨는 물론이고 도장마저 안 찍힌 그림이 많아. 그래서 장승업의 그림이라고 알려진 그림 중에 가짜 그림이 많다고 한 거야.

〈명마를 기르는 행복〉에 찍힌 도장도 장승업 것은 아니야. 대신 그림 속 글에 '오원 선생(장승업)의 진적……'이라는 부분이 있어서, 그의 그림으로 여기는 거지. 어쨌거나 그의 작품으로 인정하기에 충분히 뛰어난 작품인 건 확실해. 비록 장승업의 도장도, 직접 쓴 글도, 서명도 없지만 말이야. 술 좋아하고 얽매이기 싫어하던 자유로운 성격의 그였지만, 마음만 먹으면 이렇게 꼼꼼하고 환상적인 그림도 잘 그렸어.

장승업은 동물을 그릴 때 여러 가지 기법을 다양하게 사용했어. 어떤 때에는 오른쪽의 말 그림처럼 아주 세밀하게 그린 다음 섬세하게 채색도 하고, 또 어떤 때에는 앞에서 본 고양이나 삽살개 그림처럼 수묵으로 빠르고 단순하게 그리기도 했지. 한 가지 공통점은 있었어. 동물의 특징을 정확히 잡아내어 살아 있는 듯 생기 있게 그린 점이야. 그가 동물을 사랑하는 눈으로 관찰했기에 얻은 결과라 할 수 있어. 좋아하면 잘 보이거든.

동물 그림을 장승업이 처음 그린 건 물론 아니었어. 조선 초기부터 고양이나 개, 닭 그림들이 많이 그려졌지. 고양이 그림으로 유명한 변상벽(1730~?)이나, 강아지 그림으로 유명한 이암(1499~?)과 김두량의 그림을 장승업도 보았을 것으로 생각돼. 그의 그림은 이런 선배들의 바탕 위에서 형성되었을 거야. 또 한편으로는

제각각인 말 여덟 마리가 그려져 있어.
같은 모양새를 가진 말은 한 마리도 없어.
장승업의 재주가 이 그림에서도
잘 드러나지 않니?

변상벽은 조선 중기 화원 화가로 고양이를 아주 잘 그린 화가였어. 그래서 '변고양이'라는 조금 우스운 별명도 있었다고 해.

이암은 온화한 성격의 화가였대. 그는 따스하고 사랑 넘치는 강아지들은 비교적 자세히, 그에 비해 배경의 나무는 간단하게 처리하여 그림을 그렸어.

*해상화파
근대 중국 상하이에서 활동했던 화파이다. 조지겸(趙之謙, 1829~1884), 임이(任頤, 1840~1896) 등이 대표 작가로, 전통 위에 자유로움과 새로움을 추구하여 개성이 뚜렷한 그림을 그렸다.

조선 말기 들어온 청나라의 해상화파* 화가들의 그림에도 영향을 받았을 것으로 여겨져. 그는 전통적 요소와 외래적 요소를 잘 섞어서 자신만의 창의적인 작품을 만들었어. 조선의 3대 화가라는 찬사는 천재라서 그냥 받았던 것은 아니야. 타고난 천재였지만 끊임없는 노력으로 얻은 셈이지.

한번은 원숭이를 그려서 화제가 된 적이 있었어. 원숭이는 지금은 모르는 친구들이 없을 정도로 친근한 동물이지만, 그 당시에는 원숭이를 실제로 본 사람이 매우 드물었어. 당연히 장승업도 원숭이를 한 번도 본 적 없었지. 자부심이 넘쳤던 그는 원숭이를 본 사람들의 얘기를 잘 들으면 그릴

수 있다고 생각했어. 그러고는 사람을 닮은 세모
진 얼굴에 팔다리가 길다는 설명과 상상력을 보
태 그려 냈지. 원숭이 그림은 금세 유명해졌어. 그
림의 주인이었던 김가진(1846~1922)은 원숭이 그
림을 보려고 집으로 사람들이 구름처럼 몰려들
어 애를 먹었대. 사람들은 실물도 보지 않고 그린
원숭이에 감탄하며, 장승업을 천재 중 천재라고 더욱 치켜세웠어.

장승업은 원숭이를 실제로 보지 못하고 소문과 상상만으로 원숭이의 코믹한 얼굴을 완벽하게 그려 냈어.

새처럼 자유롭게 날고 싶어라 장승업은 어느덧 조선 최고의 화가가 되었어. 그가 정식으로 미술 교육을 받은 경험이 없는 천재인 건 모두 아는 사실이야. 그러나 그에게도 가르침과 조언을 해 주던 스승이자 선배는 있었어. 화원 화가인 유숙은 초창기에 그림을 가르쳐 주었던 스승이었어. 그리고 괴석 그림과 서예로 유명했던 정학교는 장승업 그림 〈호취〉의 경우처럼 글씨를 대신 써 줄 정도로 친한 스승 같은 선배였다고 해. 하지만 그들이 장승업의 그림에 직접적인 영향을 주진 않았어. 그들과 장승업 그림의 닮은 점은 발견되지 않거든. 앞에서 본 유숙의 산수화 〈꽃 너머 작은 수레〉와 장승업의 〈단풍 든 숲〉이 비슷했다고? 그림을 다시 자세히 봐. 수레를 타고 있는 인물이라는 점만 비슷할 뿐이야. 그림의 느낌이랑 인물, 배경 묘사는 전혀 다르지 않니? 장승업의 그림에 비해 화원 화가인 유숙의 그림이 더 섬세하고 화려한 화풍을 보여. 그래서 두 화가의 그림이 같다고 볼 수는 없는 거지.

서울대학교에 소장되어 있는 동물, 꽃, 산수가 그려진 장승업의 작품이야. 각각의 동물들은 세밀하게 묘사하고, 나뭇가지나 배경의 꽃 등은 아주 빠르고 간략하게 그려 넣었어.

장승업은 유명세 때문에 자의 반 타의 반 제자들도 생겼어. 대표적 제자로는 안중식과 조석진을 손꼽아. 특히 안중식은 글을 잘 몰랐던 장승업의 그림에 정학교처럼 글씨를 대신 써 주기도 했던 애제자였어. 종종 그의 그림에서 안중식의 글씨를 찾을 수 있지. 안중식과 조석진은 대한제국(조선왕조)이 망하고 들어선 일제강점기에 가장 유명한 화가가 되었어. 그들이 가르친 제자들은 해방된 이후에 한국을 대표하는 화가들로 성장해. 이들은 우리나라에서 미술대학이 처음 생겼을 때 교수로 초대될 정도로 대단한 화가들이었지. 장승업은 제자와 또 그들의 제자를 통해 조선의 화풍을 대한민국에 이어 주는 역할을 했던 거야.

그림은 화가의 마음을 표현해. 말년으로 접어들면서 장승업은 종종 그림에 장난기를 발휘했어. 가령 1장에서 봤던 게의 발을 덜 그렸던 일화나, 휙 집어던져진 노란 수선화 그림 기억하지? 사람들은 장승업의 장난기를 천재의 특이함으로 받아들이고 즐거워했어. 하지만 사실 그는 어느 것에도 얽매이지 않는 자유로운 그림을 그릴 정도로 삶에 초월해 있었던 거야. 이맘때쯤 장승업은 입버릇처럼 이렇게 말하곤 했어.

"인생은 뜬구름과 같은 것인데, 여기저기 다니다가 언제 간지 모르게 사라지면 그만인 것을……."

그의 말처럼 장승업은 남의 집 사랑방과 술집을 전전하며 돌아다니다가 1897년, 그의 나이 55세에 생을 마쳐. 그러나 아무도 장승업이 어디서 어떻게 생을 마쳤는지 알지 못했어. 그의 죽음은 금세 소문이 났고, 사람들은 저마다 떠들었어. 어떤 사람은 술을 먹고 이름 모를 길거리에서 죽었다고 하고, 어떤 사람은 신선이 되어 깊은 산속으로 들어갔다고도 했지. 항상 새처럼 자유롭게 살고 싶어 했던 그는 진짜 신선이 된 것일까?

어느 날 갑자기 나타나 천재로 세상에 알려지고, 언제 어디서 죽었는지 알 수 없는 그의 삶은 도통 알 수 없는 신비함투성이야. 그래도 자유로운 영혼을 지니고 예술을 무한히 사랑했던 천재 화가 장승업을 기억해 줄 거지?

미술놀이

손바닥 동물 도장 찍기

장승업의 병풍 그림에 등장하는 말, 고양이, 닭, 원숭이 등을 관찰하고 손 도장을 이용해 그려 볼 거야. 손바닥 모양을 관찰하면서 동물 형태와 연관 지어 이미지로 표현해 보자. 손에 물감을 묻혀 문지르는 작업을 통해 예술의 자유로움을 한껏 느낄 수 있을 거야. 작업하기 전에 바닥에 신문지나 비닐을 깔아서 바닥이 더러워지지 않도록 하자.

준비물
색지, 손바닥 전체에 물감을 묻힐 수 있는 크기의 쟁반, 색종이, 물감, 붓펜, 풀, 가위

활동 방법:

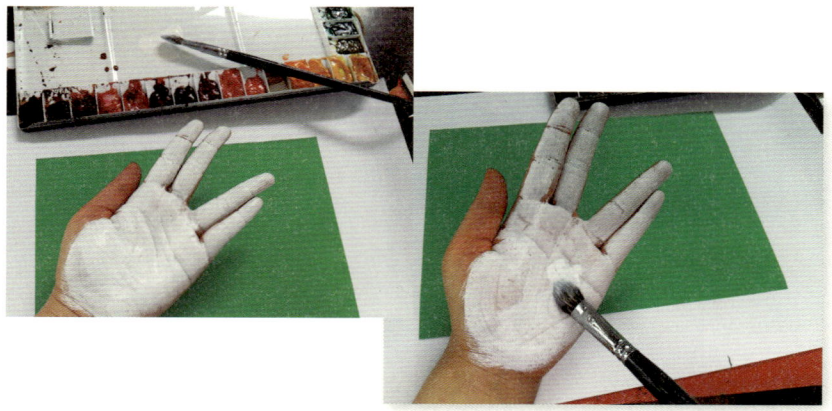

1

손바닥에 물감을 묻혀 보자. 다섯 손가락을 다 바르지 않아도 돼. 손바닥뿐만 아니라 발바닥에 묻혀도 돼.

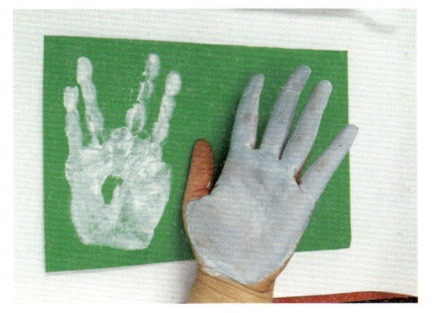

2

손바닥을 찍은 뒤에 손바닥에서 연상되는 동물 형태를 찾아 봐. 종이로 간단하게 머리나 날개를 오려 붙여 줘.

3

붓펜으로 눈이랑 수염을 그려 주면 완성이야.

완성

준비물
도화지, 색종이, 가위, 칼, 풀, 사인펜

손가락 종이 인형 만들기

손가락 종이 인형은 동물이나 사람의 모습을 응용해 재미있게 만들 수 있어. 깜찍하고 귀여운 동물을 만들다 보면, 저절로 집중력도 생기는 신나는 활동이야. 좋아하는 동물들을 생각하며 종이나 색지로 자유롭게 표현해 봐. 그리고 동물 다리 위치에 구멍을 내어 손가락을 끼운 후 인형놀이를 해 보자.

활동 방법:

1
종이를 오려서 기린의 몸통, 머리, 눈의 모양을 만들어.

2
기린의 몸통은 손가락 도장을 찍어서 무늬를 표현해 줘.

3
얼룩말은 머리와 몸통을 가위로 오리고, 사인펜으로 줄무늬를 그려 줘.

4

동물 형태가 완성되면 몸통에 손가락이 들어갈 부분만 연필로 그리고 칼로 잘라 주면 돼.

완성

손가락을 끼워 주면 완성이야.

■ 6장 수록 작품

장승업 〈꽃과 동물이 있는 병풍(화조영모 10폭 병풍)〉 고양이 부분, 종이에 엷은 색, 127.3×31.5cm, 국립중앙박물관, 101쪽
장승업 〈꽃과 동물이 있는 병풍(화조영모 10폭 병풍)〉 삽살개 부분, 종이에 엷은 색, 127.3×31.5cm, 국립중앙박물관, 102쪽
김두량 〈삽살개〉 1743년, 종이에 엷은 색, 35×45cm, 개인, 103쪽
장승업 〈명마를 기르는 행복(쌍마인물)〉 비단에 채색, 124×33.6cm, 고려대학교박물관, 105쪽
장승업 〈여덟 마리의 말(팔준)〉 비단에 채색, 142.5×34cm, 삼성미술관 리움, 107쪽
변상벽 〈국화 핀 뜰의 고양이(국정추묘)〉 종이에 채색, 29.5×22.5cm, 간송미술관, 108쪽(왼쪽)
이암 〈어미 개와 강아지(모견)〉 종이에 수묵담채, 73.2×42.4cm, 국립중앙박물관, 108쪽(오른쪽)
장승업 〈꽃과 동물, 산수가 있는 병풍(산수영모 10폭 병풍)〉 원숭이 부분, 비단에 엷은 색, 148.5×35cm, 서울대학교박물관, 109쪽
장승업 〈꽃과 동물, 산수가 있는 병풍(산수영모 10폭 병풍)〉 비단에 엷은 색, 각 148.5×35cm, 서울대학교박물관, 110~111쪽

부록

미술관에 놀러 가요

미술관에 놀러 가요

서울시립미술관	sema.seoul.go.kr	02) 2124-8800
예술의전당	sac.or.kr	02) 580-1300
경인미술관	kyunginart.co.kr	02) 733-4448
국립현대미술관	mmca.go.kr	02) 2188-6000 (과천관)
		02) 3701-9500 (서울관)
		02) 2022-0600 (덕수궁관)
국립중앙박물관	museum.go.kr	02) 2077-9000
호암미술관	hoam.samsungfoundation.org	031) 320-1801
경기도미술관	gmoma.or.kr	031) 481-7000
강릉시립미술관	gnmu.gn.go.kr	033) 640-4271
대전시립미술관	dmma.daejeon.go.kr	042) 270-7370
경남도립미술관	gam.go.kr	055) 254-4600
부산시립미술관	art.busan.go.kr	051) 744-2602
포항시립미술관	poma.kr	054) 250-6000
대구미술관	daeguartmuseum.org	053) 790-3000
전북도립미술관	jma.go.kr	063) 290-6888
광주시립미술관	artmuse.gwangju.go.kr	062) 613-7100
제주도립미술관	jmoa.jeju.go.kr	064) 710-4300

※ 자세한 정보는 미술관의 인터넷 홈페이지와 전화를 통해 문의하시기 바랍니다.